Jardiner dans 1 m²

Jardiner dans 1 m^2

LAROUSSE

DK | Penguin Random House

ÉDITION ORIGINALE

Grow All You Can Eat In 3 Square Feet

Consultante horticole : **Naomi Schillinger**

Éditrice en chef : **Penny Warren**

Éditeurs : **Chauney Dunford, Clare Marshall, Tia Sarkar**

Illustratrice : **Bryony Fripp**

Conception et mise en pages : **Ria Holland**

Directrice artistique : **Jane Bull**

Directrice éditoriale : **Mary Ling**

ÉDITION FRANÇAISE

Traduction et adaptation :
Valérie Garnaud et **Odile Koenig**

Direction de la publication : **Isabelle Jeuge-Maynart** et **Ghislaine Stora**

Direction éditoriale : **Catherine Delprat**

Coordination éditoriale : **Agnès Dumoussaud**

Réalisation : **Else**

Couverture : **Véronique Laporte**

ISBN 978-2-03-590297-9

Achevé d'imprimer en décembre 2015
chez Leo Paper Ltd, Chine.

Sommaire

POUR COMMENCER

3 règles d'or pour réussir vos cultures

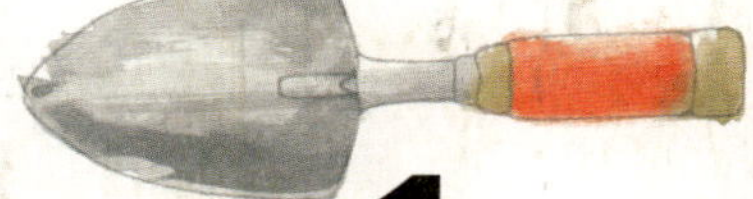

1

APPRENEZ À CONNAÎTRE VOTRE TERRAIN

• Identifiez chaque espace de votre jardin pouvant être mis en culture, y compris en pots, et convenant aux plantes *(voir p. 14-19).*

2

DÉCIDEZ DE CE QUE VOUS VOULEZ Y FAIRE POUSSER

• Réfléchissez à ce que vous souhaitez faire pousser, évaluez si vous disposez de l’espace nécessaire *(voir p. 32-34)* et des conditions appropriées *(voir p. 224-241).*

3

OPTIMISEZ VOS RÉCOLTES

• Tirez le meilleur parti possible de l’espace et de votre temps libre. Commencez tôt en saison, soignez les plantes, récoltez sans attendre et ressemez aussitôt *(voir p. 42-57).*

Où les cultiver au jardin ?

… pratiquement partout !

En pleine terre

Si vous avez **la place**, c'est en **pleine terre** que vos cultures réussiront **le mieux** ! Choisissez bien **l'emplacement** *(voir p. 14-19)* et aménagez un **massif** de la **taille voulue**. Apprenez à **connaître** votre sol et à l'améliorer *(voir p. 18-19)*.

En massifs surélevés

Les massifs **surélevés** présentent de nombreux **avantages** *(voir p. 20-21)*, même si vous pouvez **cultiver directement** en **pleine terre**. Ils sont la **solution** là où il n'y a **pas de terre**.

En pots

La **plupart** des cultures peuvent **pousser en pots** ou **bacs** s'ils sont de taille **adaptée**. Ils sont un **excellent choix** pour les **petits jardins**, mais ils permettent aussi, **dans les grands,** d'utiliser au mieux l'**espace**.

Soyez créatifs !

Soyez **créatifs** avec l'espace dont **vous disposez** et vous serez **étonné** de la **palette** des plantes à cultiver. Accrochez des **sacs de culture** sur la **rambarde** du balcon, **alignez** les pots le **long des allées** et sur des **étagères**…

Un potager en zone urbaine

Si les **jardins de ville** sont souvent **petits**, ils offrent la **possibilité** de cultiver des **légumes** et des **fruits** à portée de regards de la maison, ce qui est très **gratifiant**. Et c'est étonnamment **facile** !

Lumière

- La densité de construction crée des zones d'ombre et de lumière dont vous pouvez tirer parti.
- Rabattez les branches retombantes des arbres et arbustes pour laisser pénétrer la lumière dans le jardin.
- Envisagez de peindre en blanc les murs entourant le jardin pour réfléchir la lumière.

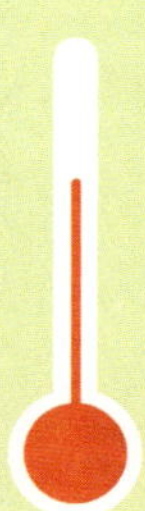

Température

- Abrités par les constructions voisines, les jardins de ville bénéficient d'un microclimat plus chaud.
- Ces conditions permettent un départ précoce de la croissance, donc une saison de végétation plus longue.
- Les températures douces sont favorables aux légumes exigeants en chaleur.

Eau

- Les plantes en pot demandent des arrosages fréquents. Installez un récupérateur d'eau et/ou un robinet extérieur.
- La terre au pied des murs reste sèche même par temps de pluie, aussi surveillez les besoins des plantes en eau.

Vent

- Balcons et jardins sur les toits sont exposés au vent. Choisissez des plantes basses et tuteurez les plus grandes.
- Le vent est renforcé dans les passages entre immeubles, aussi installez des brise-vent ou optez pour des plantes résistantes.
- Assurez-vous que les pots et les jardinières posés sur les étagères ou les appuis de fenêtre ne risquent pas de tomber.

Attention au poids !

- Si vous jardinez sur un balcon ou un toit plat, soyez attentifs au surpoids. Une fois humide, le terreau est très lourd…
- Lorsque vous posez des étagères ou des supports pour jardinières et suspensions, veillez à la solidité de l'ensemble, en tenant compte du poids total.

5 avantages des jardins de ville

- **Moins froids en hiver,** ils conviennent aux plantes peu rustiques.
- **Ils se réchauffent** plus vite au printemps, d'où une mise en culture plus précoce.
- **La situation abritée** due aux constructions voisines favorise la croissance.
- **Démarrage précoce au printemps** et fin de saison tardive sont favorables aux cultures potagères.
- **Petits,** leur entretien est simplifié.

Comprendre la lumière

La quantité de lumière reçue par votre jardin joue un rôle déterminant dans le choix des cultures. Ainsi tomates et poivrons ont besoin d'au moins six heures de soleil par jour, tandis que la laitue se contente de trois.

En moyenne en France, une journée d'été offre plus de 16 heures de jour, tandis qu'au plus sombre de l'hiver on compte à peine 8 heures de lumière.

Lumière ou ombre, quels effets ?

Plein soleil

- Les plantes demandent beaucoup d'**arrosages**.
- Les légumes-fruits comme les **tomates** y **mûrissent** plus vite.
- Les plantes y **fleurissent plus**, un atout pour les **cultures fruitières**.
- La chaleur est parfois facteur de **stress**. Les **légumes-feuilles** peuvent monter en graines trop tôt.

Soleil partiel

- Les expositions **est** et **ouest** offrent un équilibre entre **ombre** et **soleil** qui convient à de nombreuses **cultures**.
- Les légumes **exigeants en soleil et chaleur** se contentent de soleil partiel, mais sont **moins productifs**.
- **Limitez** les zones **d'ombre** en supprimant les plantes qui en **projettent** beaucoup.

Mi-ombre

- **Plus froids**, les terrains **ombragés** sont plus lents à se **réchauffer** au printemps.
- Les plantes de soleil **s'étiolent** à l'ombre.
- **Les légumes-feuilles** apprécient la mi-ombre ; le soleil peut **brûler** leurs feuilles.
- **Escargots et limaces** aiment les coins frais et sombres. **À surveiller** dans les coins d'ombre !

Faites un reportage photo

Prenez votre **appareil photo** pour observer la **course** du **soleil** et de l'**ombre** dans votre jardin au long de la **journée**. Repérez ainsi les coins les plus **ensoleillés**.

10 H

MIDI

15 H

17 H

Comment définir le plein soleil ?
Les jardins de ville ne reçoivent le soleil qu'une partie de la journée. On y estime que le plein soleil correspond à au moins six heures de lumière directe par jour, trois heures pour les coins d'ombre.

ÉTÉ La luminosité est intense parce que le soleil est au plus haut dans le ciel, jusqu'en milieu d'été. Les ombres sont courtes, les jours chauds et longs, ce qui stimule la croissance des plantes.

HIVER La luminosité est faible parce que le soleil est bas sur l'horizon et la lumière moins intense. Les jours sont courts et froids, d'où une croissance ralentie ou stoppée.

L'eau

L'eau est vitale pour les cultures. Préparez-vous à des arrosages fréquents, notamment pour les plantes en pot disposant d'un faible volume de terre. Mais il existe des moyens de simplifier l'arrosage.

- Utilisez des **grands pots**, le terreau y **sèche** moins vite.
- Placez les pots sur des **soucoupes**.
- Faites **tremper les mottes** avant plantation.
- Repérez **les zones** du jardin ne recevant pas ou peu **la pluie**.

Arrosage facilité

Prévoyez une arrivée d'eau ou un récupérateur d'eau de pluie à proximité des cultures. Enrouleur et tuyau de longueur suffisante facilitent l'arrosage. Faciles à installer, les tuyaux microporeux et les systèmes de micro-irrigation permettent de gagner du temps. Paillez les pots pour limiter l'évaporation.

Le vent

Une exposition aux vents violents entraîne un desséchement rapide du terreau, il peut brûler les feuilles et coucher les tiges. Balcons et jardins sur les toits y sont les plus exposés, ainsi que les jardins situés dans un couloir de vent. Il est possible d'en limiter les effets.

- Utilisez des **treillages** pour **filtrer** le vent, et offrez un **support** aux **grimpantes**.
- Évitez les **brise-vent** pleins qui créent des **turbulences** du côté opposé d'où souffle le vent.
- Placez votre abri ou serre dans un **couloir** de vent pour le **détourner**.
- Faites appel à des **plantations** et à des structures sur **plusieurs niveaux** pour filtrer les vents violents.
- Ajoutez des filets **brise-vent**, pour protéger les **cultures basses**.
- Les **cloches** protègent les **jeunes plants** fragiles.

Plantes résistant au vent

Les plantes robustes, résistant au vent et le filtrant, sont précieuses et offrent des habitats à la faune sauvage. Essayez églantiers, aubépines et chèvrefeuilles arbustifs. Les graminées sont aussi un bon choix, ondulant dans le vent. Plus près du sol, plantez des arbustes méditerranéens comme la lavande et la sauge. Plantez-les en bordure des carrés pour protéger les légumes-feuilles des dégâts du vent.

Connaître le sol

Que les plantes soient cultivées en pot, en massif surélevé ou en pleine terre, la qualité du sol est déterminante pour la croissance des plantes et leur résistance aux maladies et aux ravageurs. Connaître votre sol vous permet de l'améliorer pour de meilleures récoltes.

- Le sol idéal, **limoneux** (voir à droite), est bien **drainé**, mais retient **l'humidité** et les éléments **nutritifs**.
- Les sols de jardin sont soit **argileux** et lourds, soit **sableux**.
- Des **apports** de matière **organique améliorent** tous les sols, ainsi ils sont mieux **drainés** et retiennent mieux **l'eau** et les éléments **nutritifs**.

Sol limoneux
Sol idéal, associe particules d'argile, de limon et de sable, ainsi que matière organique.

Sol argileux
Lourd, retient les éléments nutritifs mais est mal drainé. Difficile à travailler mouillé, se craquelle en été.

Sol sableux
Léger, très drainant, eau et éléments nutritifs étant lessivés. Mérite d'être enrichi en matière organique.

Quel type de sol ?

Il est facile d'établir le type de sol en prenant simplement un peu de terre dans la main. Une terre argileuse, collante, forme une boule qui reste compacte. Un sol sableux, granuleux au toucher, ne s'agglomère pas. Un sol limoneux, soyeux au toucher, peut être formé en boule mais reste souple.

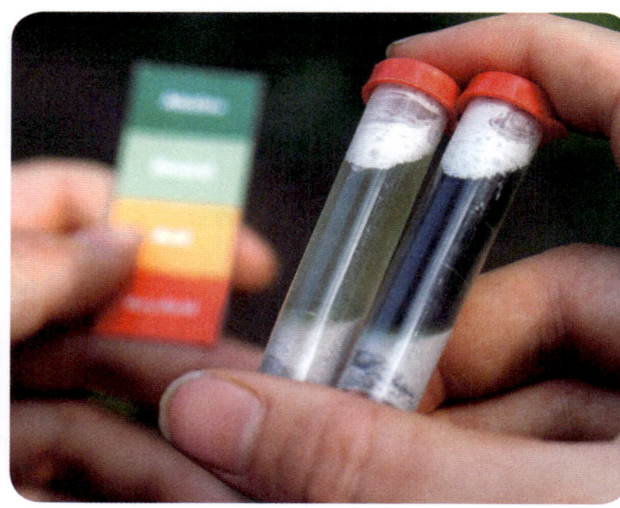

Sol acide ou calcaire ?

Le pH du sol joue sur le choix des cultures. Il est facile à mesurer avec un kit vendu en jardinerie. Les légumes préfèrent un pH légèrement acide. On peut corriger le pH, mais mieux vaut opter pour des cultures convenant au pH du sol. Si le sol ne convient pas à ce que vous souhaitez cultiver, plantez en pots ou faites des massifs surélevés.

Comment améliorer le sol

La matière organique est idéale pour améliorer les sols sableux comme argileux. Plutôt que de l'incorporer par bêchage, étalez-la en surface comme un paillis et laissez les vers de terre travailler. Ces petites bêtes aèrent le sol et améliorent sa structure.

Sol argileux

Les sols argileux sont constitués de très fines particules qui s'agglutinent et freinent le drainage. La matière organique grossière casse les mottes, facilite le travail du sol et améliore le drainage.

Déchets verts recyclés
Les déchets de jardins et espaces verts sont souvent proposés par les communes ou déchetteries. Ce compost, riche en éléments nutritifs, aère le sol et agit comme un engrais à action lente.

Fumier bien décomposé
Le fumier est riche en paille dégradée, précieuse pour briser les mottes. Riche en éléments nutritifs, il agit aussi comme engrais à action lente, mais doit être bien décomposé, bien mûr.

Sol sableux

Très poreux, les sols sableux ne retiennent ni l'eau ni les éléments nutritifs. L'apport de matière organique agit comme une éponge, aidant le sol à retenir plus longtemps eau et nutriments.

Compost de jardin
Gratuit, il agit comme un engrais à action lente, tout en améliorant aération et rétention en eau du sol. Mélangé à de la terre, il peut servir de terreau de rempotage pour les pots.

Terreau de feuilles
Excellent pour améliorer la capacité de rétention en eau et enrichir les sols légers en matière organique. Facile à obtenir : stockez des feuilles mortes humides pendant deux ans en sacs et utilisez.

Faites votre compost

Tout déchet de jardin tendre ou ligneux, indemne de maladies, peut être ajouté au tas de compost et donner en quelques mois un précieux matériau pour améliorer le sol.

Apports de déchets
Alternez couches de déchets « verts » et déchets ligneux ou de cuisine pour assurer une bonne circulation d'air dans le tas.

Retournez le tas de compost
Continuez à monter le tas et retournez-le de temps à autre à la fourche. Cette opération aère le tas et stimule la décomposition.

Le compost prêt à l'usage
Le compost est prêt lorsqu'il est sombre et grumeleux. Videz alors le silo et remettez-y tout résidu incomplètement dégradé.

6 raisons d'avoir des massifs surélevés

Les massifs surélevés offrent un environnement idéal pour la culture des fruits et légumes et prennent des formes et des tailles variées, selon vos souhaits. De plus, vous pouvez les installer là où ils recevront beaucoup de soleil, ainsi qu'à proximité de la cuisine pour les récoltes.

1 Parfait pour un jardin sans terre

Pas de terre ? Aucun problème ! Un massif surélevé n'en a pas besoin. 15 cm de profondeur suffisent pour les petites plantes peu exigeantes comme la laitue et le radis. Prévoyez au moins 30 à 40 cm pour celles à enracinement plus profond comme la courgette ou la betterave.

2 Des conditions de culture idéales

L'aménagement de carrés surélevés, remplis d'un mélange de compost et de bonne terre *(voir p. 22-23)* offre les conditions idéales pour cultiver fruits, légumes et plantes aromatiques.

4 Recyclage des matériaux

Tout est possible en matière de recyclage pour la construction des carrés surélevés : briques, planches de récupération, plaques métalliques… Vous pouvez même planter dans de vieux pneus.

3 Aménagement temporaire ?

Si vous êtes en location, si vous prévoyez des travaux de construction, si vous êtes tenté par la mise en culture d'un coin d'espace public négligé (pourquoi pas ?), les massifs surélevés sont la solution. Faciles, rapides, peu coûteux à construire, ils valent la peine d'être essayés.

5 Protection contre les ravageurs

Les massifs surélevés sont plus faciles à protéger qu'un potager traditionnel. Un filet ou un voile fixé sur les bords tient les oiseaux à distance des fruits et empêche les papillons de pondre sur les choux. Un grillage à poules est efficace contre les animaux plus gros, chats ou gibier.

6 Accès facile

Si les massifs ne dépassent pas 1,20 m de large, vous pouvez facilement entretenir les cultures depuis les bords sans avoir à piétiner et à compacter la terre. Plus le massif est haut, moins vous avez à vous baisser, un atout précieux pour ceux qui souffrent du dos ou des genoux.

Un démarrage précoce

Les massifs **surélevés** se réchauffent **plus rapidement** au printemps, un autre **atout** précieux. Ceci permet de **semer** et de **planter** en place **plus tôt** qu'en **pleine terre**. La **saison** de **végétation** et de **culture** s'en trouve donc **allongée**.

Le massif surélevé est la solution pour les jardins sans terre. Il est facile à installer dans une cour, sur une terrasse ou un jardin sur le toit. Assurez-vous seulement du bon écoulement de l'eau de drainage.

La bonne hauteur

15 cm de profondeur de terre est un minimum pour les racines des plantes. Une profondeur plus importante permet de cultiver des plantes à tubercules comme les pommes de terre. De plus, une épaisseur de terre importante retient plus longtemps la fraîcheur.

Comment remplir le massif de terre

L'aménagement d'un massif surélevé est l'occasion d'offrir aux plantes des conditions de culture idéales, gage de récoltes abondantes. Dans les proportions ci-dessous, mélangez terre de jardin, terreau de plantation ou compost et sable grossier dans une brouette ou sur une bâche posée au sol, avant de remplir le massif.

45 % de terre de jardin

45 % de terreau sans tourbe (ou compost de jardin)

10 % de sable grossier

Merveilleux vers de terre

Les vers de terre, indispensables à un sol sain, sont les précieux alliés du jardinier. Se nourrissant de matière organique comme du compost ou des feuilles mortes, ils enfouissent la matière organique et aèrent le sol. Ils libèrent des nutriments absorbés ensuite par les plantes. Le massif surélevé ne peut que bénéficier de la présence de vers de terre, aussi, si vous le pouvez, ajoutez-en à la terre et paillez pour qu'ils y restent.

Bêcher ou non ?

Le « non bêchage » est une approche alternative du jardinage. En ne bêchant pas, le sol n'est donc pas « bousculé », il conserve sa structure complexe et les graines de mauvaises herbes ne sont pas ramenées en surface. Plutôt que d'être bêché chaque année, le sol est paillé avec de la matière organique bien décomposée, du compost par exemple. Les vers de terre l'incorporent au sol.

1 Choisir l'emplacement

La culture en pots permet d'installer les plantes à l'emplacement optimal pour leurs besoins, soleil ou ombre. Vous pouvez aussi les déplacer au gré des saisons.

5 bonnes raisons de jardiner en pots

La culture en pots offre d'infinies possibilités au jardinier ! Vous pouvez assurer les meilleures conditions aux plantes, mais aussi exploiter au mieux l'espace disponible. Dans la mesure du possible, choisissez des contenants de grande taille, qui retiennent mieux l'eau et les éléments nutritifs.

2 Allier les récoltes à l'esthétique

Qu'il s'agisse d'une collection d'aromates en pot ou de contenants originaux accueillant des fleurs comestibles, le jardin gourmand en pots peut se révéler aussi décoratif que créatif. À vous de jouer !

3 Planter en sacs

Les sacs de plantation font des contenants peu onéreux. Remplis d'un terreau riche et régulièrement arrosés, ils conviennent aux légumes gourmands en éléments nutritifs (tomate, courgette, haricot à rame et pomme de terre).

4 Utiliser le moindre espace libre

Certaines plantes (mini-carotte ronde ou fraisier) se contentent d'un petit pot, ce qui permet de les glisser dans le moindre espace libre. Habillez ainsi tous les recoins d'étagères, suspensions, sacs à planter à califourchon sur une rambarde *(voir p. 66-69)*.

5 Avoir les plantes sous la main

Avoir votre dîner en pots sur la terrasse, quoi de plus satisfaisant ? Plantes aromatiques et feuilles de salades fraîchement cueillies, petits fruits juteux et tomates cerises, leur goût est incomparable, et vous ne perdrez pas de temps (ni d'argent !) à courir les acheter.

Pots et bacs, soyez créatifs !

Les contenants sont infiniment variés. Qu'ils soient posés sur le sol ou sur des étagères, accrochés au mur ou suspendus, ils vous permettent de cultiver des plantes partout.

Recherchez sur votre terrain les **endroits** assez **lumineux**, choisissez des **pots appropriés** et lancez-vous ! Préférez les **grands contenants**, même si les **petits peuvent** aussi accueillir des cultures.

Les plantes sensibles au froid, comme le figuier, peuvent être cultivées en bac, dehors en été, sous abri en hiver.

Des pots dans tous les coins

Avec un peu d'imagination et d'astuce, les contenants en tous genres permettent une utilisation optimale de l'espace. Ils doivent rester accessibles pour les arrosages et les cueillettes.

Les cultures grimpantes, comme haricot ou concombre, occupent peu de place au sol. Elles se plairont dans de grands bacs, avec des arrosages et des apports d'engrais réguliers.

Des pots groupés offrent un bel espace de plantation *(voir p. 132-155)*. Avec des contenants bien choisis, l'effet d'ensemble peut être très décoratif.

Les jardinières sont idéales pour les plantes basses comme les laitues ou retombantes comme les fraisiers. Choisissez des variétés colorées, aussi belles que goûteuses.

Les sacs de plantation posés à califourchon sur les rambardes des balcons sont faciles à fabriquer *(voir p. 66-69)*. Prévoyez-les assez grands pour occuper l'espace disponible.

Les paniers suspendus, fixés aux murs, aux clôtures ou sur un abri de jardin, occupent l'espace à la verticale. Les plantes retombantes comme les tomates cerises y font sensation.

Des étagères superposées sont une excellente idée pour occuper au mieux un petit espace vertical, qu'elles soient fixées au mur de façon permanente ou installées temporairement.

Préparer les contenants

Les **cultures en pots** dépendent de **vos soins** pour recevoir **eau** et éléments **nutritifs**. **Préparez** les pots et choisissez un **bon terreau** pour **limiter** l'entretien.

Cultures annuelles

Ces plantes à croissance rapide demandent un terreau riche et retenant bien l'humidité.

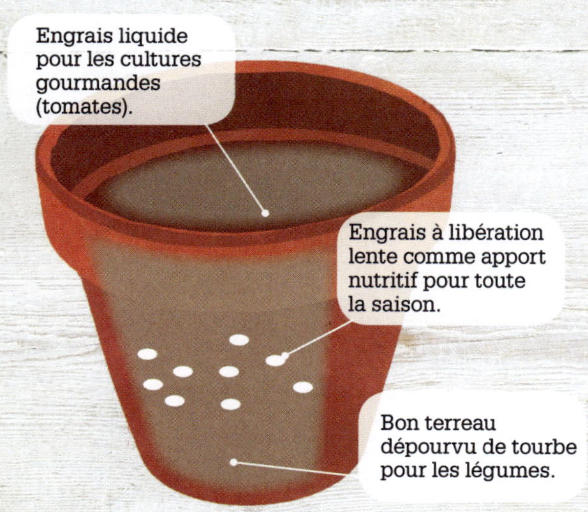

UN BON TERREAU DE REMPOTAGE retient bien l'humidité, il est léger et facile à manipuler. Étant constitué de matériaux organiques, il se dégrade cependant avec le temps.

Plantes vivaces et arbustives

Ces cultures pérennes demandent un terreau capable d'assurer une croissance vigoureuse pendant plusieurs années.

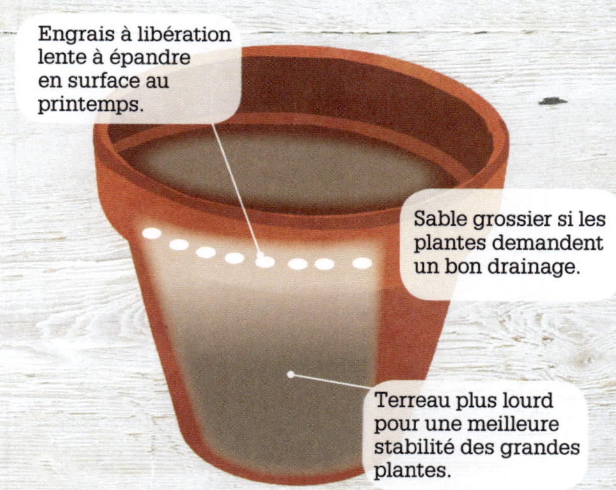

UN TERREAU À BASE DE TERRE DE JARDIN est lourd et assure une meilleure stabilité aux grandes plantes. Il se dégrade peu avec le temps et retient bien les nutriments.

Fertiliser des plantes en pot

La plupart des terreaux apportent assez d'éléments nutritifs pour 4 à 6 semaines. Il faut ensuite prendre le relais sous forme d'engrais pour soutenir croissance et floraison.

- Lorsque vous plantez, incorporez au terreau des granulés d'engrais à libération lente, cela nourrira les plantes pour toute la saison.
- Une fois par semaine, donnez de l'engrais liquide aux cultures gourmandes comme les tomates et les courgettes.
- Paillez ou apportez en surface du terreau un engrais à libération lente pour les plantes destinées à rester en pot.

UN BON DRAINAGE

Un bon drainage est indispensable pour éviter la pourriture des racines par excès d'eau. Vérifiez que les contenants sont percés au fond. Si ce n'est pas le cas, prenez la perceuse pour faire plusieurs trous. Pour éviter que ceux-ci ne se bouchent avec le terreau, couvrez-les de tessons de pot ou de morceaux de polystyrène. Certaines plantes demandent un terreau très drainant : ajoutez-y du sable grossier.

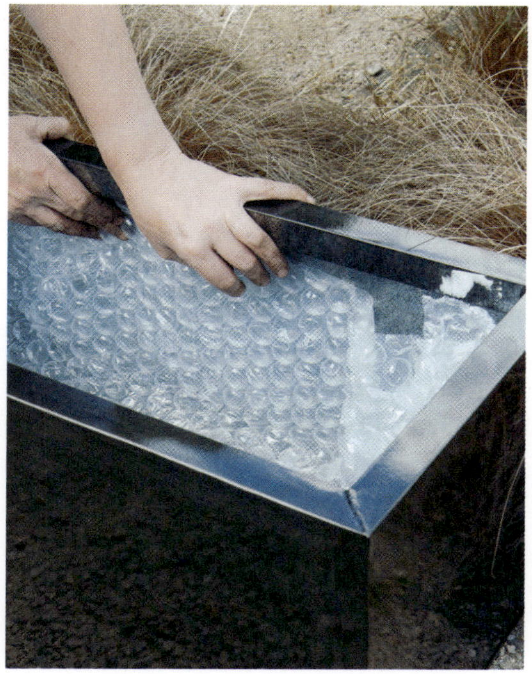

Préparer les plantations

GARDER LES RACINES AU FRAIS Dans les contenants métalliques, le terreau s'échauffe rapidement au soleil, ce qui peut brûler les racines. Pour éviter cela, doublez les parois intérieures avec du plastique à bulles, isolant, avant de remplir de terreau. N'obturez pas les trous de drainage.

RÉUTILISER LE TERREAU Le terreau utilisé pour des cultures de moins d'un mois, comme les radis, peut servir à nouveau. Éliminez tout déchet végétal, incorporez un peu d'engrais à libération lente et complétez le niveau. Débarrassez-vous en revanche d'un terreau utilisé pendant plus d'un mois ou deux.

METTRE EN PLACE DES GRANDS BACS est plus facile si vous le faites avant de les remplir de terreau.

Quels légumes et fruits cultiver ?

… ce que vous aimez manger !

C'est bon

Si vous êtes **limité** en **temps** et en **espace** et que vous pouvez leur offrir les **conditions** qui leur **conviennent**, choisissez les **fruits** et les **légumes** que **vous aimez**, qu'il s'agisse de petits pois ou de pommes.

C'est adapté

Si votre jardin est **ombragé**, les **poivrons** ne sont **pas** pour vous. Mais vous pouvez cultiver beaucoup d'**autres plantes**. Pour de **bonnes** récoltes, sélectionnez des espèces **adaptées** à votre terrain *(voir p. 224-241)*.

C'est frais

Privilégiez les produits à **consommer frais**, comme les **petits pois** et le **maïs**, ou ceux qui sont **chers**. Cultivez aussi des plantes qui sont **peu courantes** dans le commerce, telles qu'**oseille** et **cerfeuil** musqué.

Ça pousse vite

Choisissez des cultures **rapides** pour **valoriser** l'espace dont vous disposez. Prêtes en **quelques semaines**, les plantes comme les **pousses de pois libèrent** vite la place pour d'**autres** cultures *(voir p. 50-51)*.

Utilisez ce **guide** pour **choisir** les cultures les plus **adaptées** à votre jardin. Pensez aussi aux **endroits** où vous pouvez mettre des **pots**, des **suspensions** ou cultiver des plantes **à la verticale**.

LÉGUMES	Distance de plantation (cm)	Hauteur (cm)	Port de la plante
Ail	20	30-35	Fin et élancé
Aubergine	60-75	60-90	Buissonnant
Betterave	5-10	60-90	Bas en rosette
Brocoli	60	90-120	Dressé
Carotte	5-10	15-30	Fin et élancé
Chicorée	30	40-50	Bas en rosette
Chou kale	60	50-90	Dressé
Chou-rave	25	30-45	Bas en rosette
Concombre	45	180	Étalé ou grimpant
Concombre à confire	30-40	2,50 m	Étalé ou grimpant
Courge	90	30-45	Étalé ou grimpant
Courgette	90	30-45	Étalé ou grimpant
Épinard	15	30-60	Dressé
Fenouil doux	30	60-90	Fin et élancé
Fève	25	90-120	Dressé
Germes de pois	2	5-10	Dressé
Haricot	5-10	100-180	Dressé ou grimpant
Haricot d'Espagne	15	180	Grimpant
Laitue	15-35	15-30	Bas en rosette
Maïs doux	35-45	150-180	Dressé
Moutarde brune	15-30	15-20	Bas en rosette
Navet	10-15	30-45	Bas en rosette
Oignon vert	1	25-35	Fin et élancé
Pak-choï	10-25	30-65	Dressé
Piment	35-45	30-90	Buissonnant
Poireau	15-20	45-60	Dressé
Poirée	20	45-60	Dressé
Pois	5	60-120	Dressé ou grimpant
Poivron	35-45	60-90	Buissonnant
Pomme de terre	30-40	75-90	Buissonnant
Radis	1	15	Bas en rosette
Roquette	15	15-20	Bas en rosette
Scarole, frisée	25	35-40	Bas en rosette
Tomate à port déterminé	30-90	30-120	Buissonnant
Tomate à port indéterminé	40-45	150-180	Buissonnant

CONVIENT POUR					
Intérêt (*voir p. 224*)	Petit pot	Grand pot	Balconnière	Panier suspendu	Massif surélevé
★		✓	✓		✓
★		✓	✓		✓
★★★	Mini	✓	Mini		✓
★		✓			✓
★★	Grelot	✓	Mini ou grelot	Mini	✓
★★		✓	✓		✓
★★		✓	✓		✓
★★★		✓			✓
★★★		✓			✓
★		✓		✓	✓
★★		✓			✓
★★		✓			✓
★★		✓	✓		✓
★		✓			✓
★		✓			✓
★★★	✓	✓	✓	✓	✓
★★★		✓			✓
★★★		✓			✓
★★★	✓	✓	✓	✓	✓
★		✓			✓
★★★	✓	✓	✓	✓	✓
★★		Rond	Mini		✓
★★	✓	✓	✓	✓	✓
★★★	✓	✓	✓		✓
★★★	✓	✓	✓		✓
★		✓	✓		✓
★★★	✓	✓	✓	✓	✓
★★		✓			✓
★★		✓	✓		✓
★		✓			✓
★★★	Rond	✓	Rond	Rond	✓
★★★	✓	✓	✓	✓	✓
★★★	✓	✓	✓	✓	✓
★★★		✓	Cerise	Retombante	✓
★★★		✓			✓

Effectuez des semis plus denses pour les légumes cultivés « en baby » et arrosez-les bien pour limiter la concurrence entre les plantes.

HERBES	Distance de plantation (cm)	Hauteur (cm)	Port de la plante	Intérêt	CONVIENT POUR Petit pot	Grand pot	Balconnière	Panier surélevé	Massif surélevé
Aneth	20	60-90	Dressé	★★★		✓	✓		✓
Basilic	25	30-60	En touffe	★★★	✓	✓	✓	✓	✓
Basilic camphré	30	50-60	En touffe	★★		✓	✓	✓	✓
Bourrache	20	30-100	En touffe	★★★		✓	✓		✓
Cerfeuil musqué	60	100-180	Dressé	★★★		✓			✓
Ciboulette	15	30-45	Fin et élancé	★★★	✓	✓	✓	✓	✓
Coriandre	30	30-60	En touffe	★★★	✓	✓	✓	✓	✓
Estragon	60	60-90	Dressé	★★★		✓	✓		✓
Fenouil	45	120-150	Dressé	★★★		✓			✓
Lavande	50	45-120	Arbustif	★★		✓	✓		✓
Livèche	60	180	Dressé	★★★		✓			✓
Menthe	30	60-120	Dressé	★★★		✓	✓		✓
Origan	25	15-45	En touffe	★★★	✓	✓	✓	✓	✓
Oseille	30	30-50	Dressé	★★★		✓			✓
Persil	15	30-90	En touffe	★★	✓	✓	✓	✓	✓
Romarin	40	60-120	Arbustif	★★		✓	✓		✓
Sauge	40	45-90	Arbustif	★★		✓	✓		✓
Thym	30	5-25	Rampant	★★★	✓	✓	✓	✓	✓

FRUITIERS	Distance de plantation (cm)	Hauteur (cm)	Port de la plante	Intérêt	Petit pot	Grand pot	Balconnière	Panier suspendu	Carré surélevé
Fraisier	30-40	15-30	En touffe basse	★★	✓	✓	✓	✓	✓
Framboisier remontant	35-45	120-150	Dressé	★★★		✓			✓
Myrtillier	1,50 m	90-150	Buissonnant	★		✓			✓
Poirier sur porte-greffe nanifiant	1,80-3,60 m	2-3 m	Arbre	★		✓			✓
Pommier en espalier	2,50-3,50 m	Selon la forme	Selon la forme	★★					✓
Pommier sur porte-greffe nanifiant	1,80-3,60 m	2-3 m	Arbre	★		✓			✓
Ronce à fruits	2,50-3,50 m	1,80-3 m	Arbuste vigoureux pouvant être palissé	★★		✓			✓
Ronce du Japon	2,50-3,50 m	1,80-3 m	Arbuste vigoureux pouvant être palissé	★★		✓			✓

Palissez les plantes grimpantes à la verticale.
Cueillez régulièrement pour favoriser la production.
Plantez serré et remplacez les pieds récoltés.

15 légumes et fruits pour le soleil

Certaines plantes exigent au moins six heures de soleil par jour pour se développer correctement et parvenir à pleine maturité. Si votre cour, votre balcon ou votre terrasse sont très ensoleillés, ces plantes vous donneront des fruits et des légumes savoureux.

1

3

5

7

2

4

6

8

1 TOMATE Choisissez des variétés originales, rares dans le commerce : 'Green Zebra' ou 'Andine Cornue'.

2 COURGETTE Faites des semis échelonnés de variétés vertes et jaunes pour étaler les récoltes.

3 AUBERGINE À cultiver en climat chaud ou sous abri ; il existe des variétés à fruits violets ou blancs.

4 PIMENT Décoratifs, les piments offrent une étonnante variété de formes, tailles, couleurs et goûts.

5 POIVRON Cultivés en situation chaude, les fruits du poivron mettent de la couleur dans le potager.

6 FRAISIER Saveur de l'été, cultivez des variétés hâtives et tardives pour étendre la période de récolte.

7 FENOUIL Le feuillage fin justifie presque à lui seul la présence au potager de cette herbe au goût anisé.

8 BASILIC Outre le classique basilic romain, variez les saveurs avec les basilics thaï, camphré et cannelle.

Et aussi…

- Ail
- Concombre
- Courge
- Haricot
- Lavande
- Romarin
- Thym

15 légumes et fruits pour la mi-ombre

Les plantes potagères et fruitières ont besoin de soleil, mais certaines apprécient la fraîcheur et la mi-ombre, notamment les légumes-feuilles. Si votre terrain est orienté au nord ou partiellement ombragé par des arbres ou des immeubles, essayez ces plantes.

1

2

3

4

5

6

7

8

1 LAITUE Semez peu et souvent pour étaler les récoltes et mêlez les variétés pour un effet décoratif.

2 POIRÉE La variété 'Bright Lights' donne des tiges brillantes et colorées. La récolte se prolonge en hiver.

3 MOUTARDE BRUNE Les feuilles piquantes et colorées se mangent en salade ou sautées à la poêle.

4 ÉPINARD Les feuilles se mangent cuites ou crues, notamment les jeunes pousses, délicieuses en salade.

5 FRAMBOISIER La variété 'Polka', remontante, donne de nombreux fruits juteux à partir de la fin de l'été.

6 FRAISIER DES BOIS Cultivez ces fraises, petites mais très parfumées, le long des allées ou en pot.

7 HARICOT D'ESPAGNE Cette plante grimpante produit des fleurs rouges ou blanches et plein de gousses en été.

8 OSEILLE Facile à cultiver, cette vivace herbacée à la saveur acidulée se consomme en salade ou en soupe.

Et aussi…

- Cerfeuil musqué
- Coriandre
- Menthe
- Persil
- Pois
- Radis
- Roquette

15 légumes et fruits à fort rendement

Si vous n'avez pas beaucoup de place pour cultiver vos fruits et légumes, il est important de choisir des espèces qui offrent des récoltes abondantes afin de valoriser au mieux l'espace. Privilégiez les plantes dont la production s'étale sur une longue période.

1

3

5

7

2

4

6

8

1 HARICOT Les espèces à rames produisent des gousses aux teintes variées pendant de longues semaines.

2 ROQUETTE Cette plante vaut pour ses feuilles poivrées, parfaites en salade, et ses fleurs au goût piquant.

3 BETTERAVE Elle est cultivée pour ses feuilles et ses racines. 'Chioggia' présente une chair veinée.

4 LAITUE Choisissez une variété de laitue à couper et récoltez les feuilles en fonction de vos besoins.

5 RADIS Effectuez des semis échelonnés pour renouveler la production de ces légumes croquants.

6 MOUTARDE BRUNE Vous pouvez récolter les feuilles piquantes régulièrement ou renouveler les semis.

7 COURGETTE La plante produit durant tout l'été, d'autant plus que vous récoltez souvent les fruits.

8 POIRÉE Les jeunes feuilles se consomment en salade et les plus grandes cuites, comme les épinards.

Et aussi…

- Brocoli chinois
- Carotte
- Épinard
- Fraisier des 4 saisons
- Jeunes pousses
- Pomme de terre
- Tomate

15 légumes et fruits à croissance rapide

Dans un potager, si l'espace est souvent limité, le temps l'est aussi, d'où l'importance de tirer le meilleur profit de la saison de croissance. Ces plantes poussent vite et libèrent rapidement les planches, ce qui permet de les remplacer par de nouveaux légumes.

1

3

5

7

2

4

6

8

1 POUSSES DE POIS Prêtes à récolter après 3 semaines, ces jeunes pousses croquantes sont parfaites en salade.

2 JEUNES POUSSES Ces jeunes plantes savoureuses se cueillent après 3 à 5 semaines de culture.

3 RADIS Prêts en 4 à 6 semaines, renouvelez régulièrement les semis de radis pour en profiter tout l'été.

4 ROQUETTE La récolte démarre après 4 à 5 semaines. Mangez les plantules retirées lors de l'éclaircissage.

5 PAK-CHOÏ Après 6 à 8 semaines, ce légume asiatique est prêt à être consommé cru ou sauté à la poêle.

6 COURGETTE Les premiers fruits apparaissent après 8 à 10 semaines. Les fleurs se mangent aussi.

7 CAROTTE Prêtes en 8 à 10 semaines, essayez 'Marché de Paris', de type grelot, ou les variétés colorées.

8 BROCOLI CHINOIS Après 8 à 10 semaines, coupez les premières feuilles puis laissez la tige rejeter.

Et aussi…

- Betterave
- Chou-rave
- Fenouil doux
- Haricot
- Laitue
- Poirée
- Pomme de terre hâtive

15 légumes et fruits peu exigeants

Certains légumes demandent de l'attention et des soins constants tout au long de la saison. D'autres, en revanche, se développent tranquillement une fois plantés, jusqu'à ce qu'ils soient prêts à être récoltés. Mais n'oubliez pas de les arroser s'ils sont en pot.

1

2

3

4

5

6

7

8

1 HARICOT D'ESPAGNE Plantez cette robuste grimpante au pied d'un support et attendez la récolte.

2 FRAISIER Fertilisez au printemps, coupez les stolons et savourez les fruits pendant plusieurs semaines.

3 FRAMBOISIER REMONTANT Paillez au printemps, récoltez les fruits et coupez les tiges en fin d'hiver.

4 COURGETTE Arrosez bien et fertilisez si la production commence à faiblir. Cueillez les fruits jeunes.

5 CHOU-RAVE Faites des semis échelonnés au printemps et en été, puis regardez les plantes pousser.

6 POUSSES DE POIS Faites tremper des pois secs une nuit, semez, puis récoltez les pousses 3 semaines après.

7 BROCOLI Ce légume se sème au printemps, se repique en été, puis se récolte le printemps suivant.

8 POIRÉE Récoltez les feuilles de cette plante rustique tout au long de l'hiver, en fonction de vos besoins.

Et aussi…

- Betterave
- Carotte
- Cerfeuil musqué
- Laitue
- Menthe
- Moutarde brune
- Oseille

15 légumes et fruits à enracinement superficiel

Les légumes à enracinement peu profond sont une aubaine pour la culture en balconnière ou sur les toitures végétalisées, où la quantité de terre, et surtout son poids, est à prendre en compte. Ces plantes poussent dans 15 cm de sol si elles sont bien arrosées.

1

3

5

7

2

4

6

8

1 LAITUE Récoltez les feuilles une à une ou laissez la laitue former une pomme. Échelonnez les semis.

2 RADIS Les petits radis ronds, comme 'Cherry Belle', sont parfaits pour la culture en pots.

3 FENOUIL DOUX Espacez les plants de 30 cm pour permettre à ce bulbe savoureux de bien se développer.

4 CIBOULETTE On consomme aussi bien les tiges que les fleurs. Divisez les grosses touffes au printemps.

5 MOUTARDE BRUNE Essayez plusieurs variétés pour obtenir un mélange de saveurs et de couleurs.

6 HARICOT ET HARICOT D'ESPAGNE En sol peu profond, arrosez et récoltez les gousses.

7 FRAISIER DES BOIS Ces petits fruits sucrés et parfumés sont parfaits en bordure de planches.

8 TOMATE À l'aise dans les sols peu profonds et les sacs de culture, arrosez et fertilisez bien durant l'été.

Et aussi…

- Ail
- Capucine
- Menthe
- Poirée
- Pois
- Sauge
- Souci

Tirer le meilleur parti de l'espace

Une fois que vous avez défini l'espace de culture, il s'agit de le rendre le plus productif possible. Ce qui signifie y installer le plus grand nombre de plantes, les inciter à une production généreuse et renouveler les semis et les plantations tout au long de la saison.

La **meilleure** solution est le **carré**, de préférence **surélevé** et rempli de **terre fertile**. Il permet une grande **densité** de **plantation**. En **divisant** cette surface en carrés plus petits, vous **juxtaposez** les cultures sans **perdre de place**.

Culture en conteneurs

MÊME UNE PETITE PARCELLE peut produire de belles récoltes, car fruits et légumes sont aussi productifs plantés en pots ou en bacs qu'en pleine terre. Si vous ne disposez pas d'une plate-bande d'un seul tenant, pourquoi ne pas imaginer comme surface cultivée l'association de plusieurs contenants, comme illustré ici. Ces neuf paniers de plantation *(voir p. 132-135)* offrent la même surface de culture que le carré ci-dessus. Ils présentent l'avantage de pouvoir être répartis sur le terrain, pour utiliser au mieux l'espace.

Pour une productivité optimale, semez les plants en pot pour les mettre en place dès que d'autres cultures ont été récoltées. Planifiez semis et plantations (voir p. 224-241).

Des récoltes toute la saison

LES DIFFÉRENTES CULTURES se développent chacune à son rythme, ce qui permet d'utiliser au mieux l'espace. Les cultures à croissance rapide sont récoltées plusieurs fois dans la saison et utilisées en cultures intercalaires *(voir p. 50-51)* entre les plantes à croissance plus lente. Les plantes basses comme les laitues se casent entre les grandes comme le maïs. Occupez tout l'espace !

Prolonger la saison de végétation

Graines et plants se développent mieux en conditions chaudes, faciles à leur assurer. Ce qui permet une mise en culture précoce, l'allongement de la saison et donc plus de récoltes.

- **Réchauffez** le sol et semez plus **tôt** en **pleine terre**.
- **Abritez** les semis pour **gagner** du **temps** au printemps.
- **Cloches** et châssis **stimulent** la croissance et **prolongent** les récoltes.

De nombreuses graines peuvent être semées en pot sur un appui de fenêtre lumineux. C'est le cas des légumes à longue saison de croissance.

Astuces contre le froid

Prolonger la saison consiste en général à conserver la chaleur et à protéger les plantes du froid. Même les légumes sensibles au froid peuvent alors souvent produire jusqu'en automne.

Couvrez le sol pendant quelques semaines en fin d'hiver avec des bâches en plastique noir pour commencer plus tôt les semis en place. Idéal pour les massifs surélevés.

Protégez les plantes du gel au printemps et en automne. Elles entreront en croissance plus tôt et produiront plus longtemps. Les cultures en pot peuvent être rentrées sous abri pour les prolonger.

Les châssis froids sont faciles à fabriquer et parfaits pour l'élevage des jeunes plants. Protégeant les plantes du gel, ils peuvent aussi abriter des récoltes pour l'hiver, des poirées par exemple.

Couvrez les plantes avec des cloches au printemps pour les protéger du froid et favoriser leur croissance. Les cloches peuvent aussi servir à abriter des récoltes d'hiver comme les scaroles.

Les mini-serres offrent des conditions parfaites aux légumes exigeants en chaleur tels que tomate, poivron, aubergine. Elles permettent une production plus précoce et aussi plus tardive.

Récoltez régulièrement pour encourager les plantes à renouveler feuilles ou fruits récoltés et ainsi prolonger la saison de production. Ceci ne s'applique pas aux légumes-racines bien sûr !

Préparer le sol

Une bonne terre est essentielle à de belles récoltes, aussi le temps passé à préparer le sol n'est-il jamais perdu. Remplissez les nouveaux carrés surélevés d'un mélange terreux riche *(voir p. 23)*. Tirez le meilleur des massifs préexistants.

Avant de le préparer, sachez à quel type de sol vous avez à faire (voir p. 18). L'apport de matière organique, compost par exemple, améliore le drainage des sols lourds et permet aux sols sableux de mieux retenir l'eau et les éléments nutritifs.

Donnez un coup de fouet à votre sol

Pour les massifs surélevés, l'approche de « non-bêchage » *(voir p. 23)* convient parfaitement. La matière organique bien décomposée est étalée en surface et ce sont les vers de terre qui l'incorporent naturellement dans le sol. L'intérêt est que la structure du sol n'est pas modifiée et que ce paillis peut être étalé autour de cultures déjà en place. Les vers de terre ne font cependant pas tout le travail et d'autres interventions (humaines…) auront un effet bénéfique sur le sol.

1 Commencez par un désherbage soigné, en éliminant les mauvaises herbes vivaces *(voir p. 246-247)*, mais ne compostez pas leurs racines.

2 Arrosez bien, puis en commençant à une extrémité de la plate-bande, étalez une couche de 10 cm de matière organique. Ne bêchez pas.

3 Si le sol reste nu en automne et en hiver, semez un engrais vert comme le trèfle rouge (ci-dessus), qui sera enfoui dans le sol au printemps.

Un sol bien occupé

Le sol est vivant : plus il accueille de plantes variées, plus il s'améliore. Les racines décompactent le sol, améliorent aération et drainage, attirent des micro-organismes bénéfiques. Œuvrez pour votre sol en y multipliant les cultures !

Semer

Cultiver ses légumes de semis est une grande satisfaction : on suit les plantes dès la germination. De plus, le semis est souvent facile à mettre en œuvre. Légumes vivaces et petits fruits sont cependant cultivés à partir de jeunes plants.

Le **semis** vous permet de **cultiver** une vaste **palette** de **légumes**, en particulier des **variétés** rares **introuvables** en plants. Le **coût** des semis est par ailleurs très **faible**. Enfin, nombre de plantes ne peuvent être obtenues que par **semis direct**.

Semis en pots dehors

Les graines peuvent être semées en pot dehors de la même façon qu'en pleine terre. Remplissez le ou les pots de terreau humide, puis tracez des sillons, semez en surface et couvrez d'un peu de terreau. Arrosez puis attendez la levée des plantules.

Semis en pleine terre

Le semis en place est le mode de semis le plus simple. Les espèces rustiques sont semées par temps encore froid, sous protection d'un voile horticole. Attendez la fin des gelées pour les espèces sensibles au froid.

1 Pour semer dans un massif surélevé, préparez le sol en supprimant cailloux et mauvaises herbes. Ratissez pour niveler et ameublir la couche superficielle.

2 À l'aide de ficelle, marquez l'emplacement des semis, puis tracez avec le plantoir des sillons de la profondeur indiquée sur le sachet de graines.

3 Semez clair les petites graines le long du sillon, semez une à une les plus grosses. Suivez les conseils du sachet concernant l'espacement voulu.

4 Couvrez les graines de terre et arrosez en douceur avec un arrosoir à pomme fine. À la levée, éclaircissez les plants à la distance conseillée.

Semis sous abri

Le semis en intérieur, au chaud, permet de commencer plus tôt la saison, mais demande un emplacement approprié.

1 Remplissez godets ou plateaux alvéolés de terreau de semis presque jusqu'au bord. Arrosez et laissez drainer. Semez clair en surface et couvrez de terreau, selon la profondeur conseillée sur le sachet.

2 Couvrez les semis de plastique transparent pour garder l'humidité et installez-les en situation chaude et lumineuse. Surveillez quotidiennement et enlevez le plastique dès la levée. Gardez le terreau humide.

3 Lorsque les plants ont deux paires de feuilles, repiquez-les individuellement ou avec un espacement permettant leur croissance. Ou bien éclaircissez les plants des godets.

4 Poursuivez l'élevage des plants au chaud. Lorsqu'ils sont assez développés ou que tout risque de gel est passé, endurcissez-les en les sortant durant la journée et en les rentrant le soir, pendant 10 jours.

Renouveler les semis

Nombre de plantes potagères sont semées du printemps à la fin de l'été. Semez en petite quantité et renouvelez les semis pour récolter tout l'été et l'automne.

1 Les cultures à croissance rapide, récoltées quelques semaines après le semis se prêtent à merveille aux semis renouvelés comme le radis (à gauche) ou l'épinard. Semez en place, en jardinière ou en pleine terre, en suivant les indications du sachet.

2 Favorisez une croissance rapide afin de récolter le plus tôt possible. Éclaircissez pour que les plants conservés aient de l'espace pour se développer, de l'eau et des nutriments à disposition. Arrosez et surveillez les ravageurs.

3 Récoltez dès que les plantes ont une taille suffisante, ce qui libère de la place. Travaillez légèrement le sol et éliminez les résidus végétaux. Vous pouvez ensuite ressemer en petite quantité et renouveler l'opération jusqu'en fin de saison.

La rotation des cultures

Dans un potager traditionnel, on ne cultive pas les mêmes légumes chaque année au même endroit, sinon le sol s'appauvrit et cela favorise les maladies ou les ravageurs.

Dans un massif surélevé, difficile de faire une rotation, les plantes étant trop serrées. Éliminez les débris végétaux, surveillez les ravageurs et entretenez la fertilité du sol.

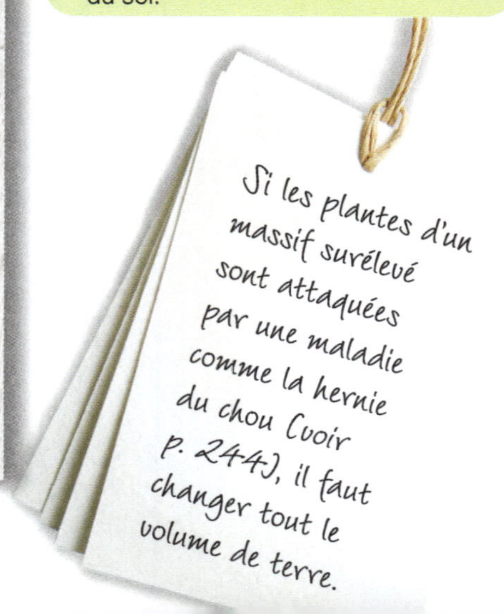

Cultures intercalaires

Cette technique de jardinage vous permet de tirer profit des espaces libres à titre temporaire entre et autour des plantes à croissance lente ou à développement important.

Les **cultures** de **grande** taille comme le **maïs** offrent à leur pied un **espace** qui peut être **occupé** par des plantes **basses** comme la betterave. **Tirez parti** des espaces entre les légumes à croissance **lente** comme les **choux**, pour y semer des **radis** vite récoltés.

Intercalez cultures à croissance lente et grandes plantes comme le maïs.

Les jeunes betteraves sont récoltées au bout de quelques semaines.

Guide des cultures

- Basses : carotte, radis, courgette, courge.
- Croissance lente : chou kale, brocoli, maïs et poivron.
- Croissance rapide : pousses de pois, radis, jeunes pousses et roquette.
- Grandes : maïs, chou kale, brocoli.

Arroser et fertiliser

Arrosages et apports d'engrais réguliers sont indispensables pour de belles récoltes dans les carrés et les pots. Si vous nourrissez les plantes, elles vous nourriront ensuite !

Les apports d'engrais

Il est nécessaire de fertiliser régulièrement les cultures fruitières et légumières. Mais attention : utilisez le bon engrais et sachez bien le doser.

1 Les engrais liquides ont une action « coup de fouet » qui n'est qu'éphémère, aussi faut-il des apports hebdomadaires.

2 Un paillis de compost convient aux cultures pérennes ou à croissance lente, libérant progressivement les nutriments.

3 Les légumes-feuilles comme les salades ont besoin d'azote pour leur croissance, apporté sous forme d'engrais liquide.

4 Les légumes-fruits comme les courgettes ont besoin de potasse, apportée sous forme d'engrais liquide pour tomates.

Bien arroser

Même s'il pleut souvent, vos cultures, en pots surtout, ont besoin d'être régulièrement arrosées.

1 Arrosez les semis avec un arrosoir à pomme fine pour éviter de bousculer les plantules fragiles.

2 Arrosez les plants plus âgés au pied afin que l'eau parvienne aux racines. Ne mouillez pas le feuillage.

3 Placez le goulot d'une bouteille découpée près du pied pour nourrir les plus gourmands.

4 Paillez autour des plantes pour garder l'humidité dans le sol et réduire l'évaporation en surface.

Kits de micro-irrigation

Si vous avez de nombreux pots, installez un système de micro-irrigation relié à un programmateur. Arrosez les massifs surélevés avec un tuyau microporeux commandé par un programmateur.

Les insectes utiles

Tous les fruits et légumes-fruits ont besoin d'insectes pour la pollinisation des fleurs et la fructification. Favorisez la production en attirant les insectes pollinisateurs dans votre jardin, en y semant ou en plantant des fleurs riches en nectar. Certains pollinisateurs sont aussi des prédateurs et vous débarrasseront des ravageurs comme les pucerons.

Des plantes pour les pollinisateurs

- Les insectes pollinisateurs préfèrent les fleurs simples, riches en nectar, aux fleurs doubles plus difficiles d'accès.
- Pour attirer les insectes tout au long de la saison, prévoyez des floraisons échelonnées du printemps à l'automne.
- Sont précieux pour cela les bulbes de printemps, arbres à fleurs, plantes aromatiques et vivaces d'automne.

Lavande

Pavot de Californie

Fenouil

Rose trémière

Nigelle de Damas

Fleur de pommier

Précieux restes de cultures

- Ne vous précipitez pas pour arracher les plantes après la récolte. Les fleurs de nombreux légumes ou plantes aromatiques sont appréciées des pollinisateurs.
- Carotte et panais sont bisannuels, mais sont normalement arrachés avant la floraison. Laissez quelques pieds fleurir pour le bonheur des abeilles.
- Non arrachée, la moutarde donne des fleurs jaunes comestibles qui attirent les pollinisateurs.

Bourrache

Centaurée

Crocus

Hysope

Insectes auxiliaires

Offrez des abris pour l'hiver aux insectes tels que les coccinelles et les chrysopes. Ils seront à pied d'œuvre au printemps pour lutter contre les ravageurs et polliniser vos cultures.

Abeilles

Les abeilles sauvages passent l'hiver dans des habitats naturels, mais elles apprécient un « hôtel à insectes ». Ce sont des pollinisateurs essentiels qui se nourrissent de pollen et nectar.

Syrphes

Ressemblant à des guêpes, ils sont doublement utiles. Les adultes pollinisent les fleurs et les larves se nourrissent de pucerons.

Papillons

Superbes à observer au jardin, ils pollinisent les fleurs et attirent des oiseaux qui se nourrissent de chenilles.

Observer pour apprendre

Que vous visitiez un jardin ou une pépinière, notez les fleurs fréquentées par les pollinisateurs, de précieux indices pour bien choisir les plantes. Les buissons de buddléias se couvrent de papillons, les bourraches d'abeilles.

Les plantes compagnes

Il faut lutter contre les ravageurs pour préserver les récoltes, mais certaines plantes peuvent vous y aider !

Si les **ravageurs** se **précipitent** sur certaines plantes, ils en **évitent** d'autres. Placez des « **attire-ravageurs** » loin des **cultures** pour **tromper** ces **ennemis** et utilisez au contraire des plantes qu'ils **n'aiment pas** en barrière **répulsive**.

Précieuses plantes compagnes

Ces plantes vous aideront à protéger vos cultures. De plus, à l'exception du limnanthe, elles sont toutes comestibles, ce qui ne gâche rien !

LIMNANTHE Cette annuelle attire les syrphes qui se nourrissent de pucerons. Semez-la en bordure de massif ou dans des pots dispersés parmi les cultures.

SOUCI Ces fleurs attirent les syrphes prédateurs de pucerons.

CIBOULETTE Son parfum empêche la mouche de la carotte d'atteindre son but.

AIL Semez les carottes près de l'ail dont l'odeur perturbe la mouche de la carotte.

CAPUCINE Elle attire les pucerons et les détourne des cultures.

THYM Planté près des légumes, il éloigne les pucerons.

ŒILLET D'INDE Son parfum fort dissuade les mouches blanches.

BASILIC À planter entre les tomates pour repousser les attaques de pucerons.

MENTHE Placez des pots à proximité des cultures pour éloigner les pucerons.

PROJETS POUR PETITS ESPACES

Une jardinière de balcon

Accrochez une jardinière à la rambarde du balcon. Garnissez-la de plantes retombantes, des tomates cerises par exemple.

Dénichez une jardinière robuste à suspendre à l'intérieur du balcon pour en profiter, soigner les plantes et cueillir facilement les tomates.

Équipement

Jardinière
Plastique à bulles
Terreau de rempotage
Engrais liquide pour tomates

Plantes

Tomates cerises
Œillets

1 Si la jardinière est en zinc, doublez-la de film à bulles pour isoler les racines de la chaleur en été. Percez le plastique de trous de drainage.

2 Remplissez la jardinière de terreau jusqu'à 4-5 cm sous le rebord pour faciliter l'arrosage.

3 Installez les plantes, plantez-les, tassez et complétez avec du terreau si nécessaire. Arrosez copieusement.

4 Arrosez régulièrement, même en période humide. Commencez les apports hebdomadaires d'engrais pour tomates dès que se forment les premières fleurs.

Conseils d'entretien

Fleurs fanées. Enlevez les fleurs fanées des œillets pour stimuler la poursuite de la floraison tout l'été.

Maturation. En fin de saison, placez les tomates vertes sur une claie avec des pommes et des bananes pour les faire mûrir.

5 Décorez vos salades avec les fleurs d'œillets et cueillez les tomates lorsqu'elles sont mûres et bien colorées.

Une passoire à fraisiers

Les fraises achetées ne sont jamais aussi savoureuses que celles que vous cueillez. Plantés ici en suspension dans une vieille passoire, les fraisiers composent un panier gourmand original.

Associez variétés de fraisiers remontantes et non remontantes (voir p. 233) pour récolter jusqu'en automne. Cueillez les fraises lorsqu'elles sont fermes et colorées.

Équipement

Passoire métallique de style rétro
Crochet de fixation
Chaînes pour la suspension
Terreau de rempotage
Plastique à bulles
Ciseaux
Arrosoir

Plantes

5 fraisiers

1 Cherchez une passoire en métal émaillé de belle taille. Les trous sont parfaits pour le drainage, mais il faut doubler la passoire de plastique à bulles pour protéger les racines de la chaleur.

2 Découpez le plastique à bulles aux dimensions voulues et n'oubliez pas d'y percer des trous pour le drainage. Un excès d'humidité peut être fatal aux plantes.

3 Étalez bien le plastique afin d'avoir un espace maximal pour le terreau. L'espace étant réduit, il ne faut rien gaspiller !

4 Remplissez la passoire de terreau jusqu'à mi-hauteur et positionnez les fraisiers de façon à ce que la surface des mottes soit à 3 cm sous le rebord.

5 Sortez les mottes des godets. Si les racines sont à l'étroit, démêlez-les avec les doigts avant de planter, pour les aider à coloniser le terreau.

6 Comblez de terreau entre les plantes et tassez, de façon à ce que celui-ci soit à 3 cm en dessous du bord de la passoire, pour l'arrosage.

7 Arrosez et laissez la passoire posée sur le sol jusqu'à ce que l'eau ait été absorbée. Ajoutez du terreau s'il reste des vides entre les plantes.

À essayer aussi

Les aromatiques
retombantes ou buissonnantes, comme l'origan et le basilic, se plairaient à la place des fraisiers.

Les tomates cerises
retombantes font de belles suspensions. Plantez un seul pied par passoire et arrosez chaque jour.

Conseils d'entretien

Durée de vie. Vivaces, les fraisiers produisent surtout les deuxième et troisième années.

Stolons. Après avoir produit des fruits, des stolons se forment, portant de nouveaux plants. Supprimez-les pour favoriser la fructification.

8 Répartissez les chaînes de la suspension et fixez-les dans les trous de la passoire. S'il s'agit de fraisiers non remontants, accrochez la suspension à un endroit ensoleillé.

9 Même s'il pleut, l'eau de pluie n'atteint guère le terreau, aussi arrosez régulièrement et faites des apports hebdomadaires d'engrais pour tomates.

Des sacs à califourchon

Des sacs en tissu installés à califourchon sur une balustrade doublent l'espace cultivé, de part et d'autre de celle-ci.

Équipement

Tissu solide, 1 x 1,20 m par sac double
Mètre
Kit d'assemblage par rivets
Règle
Marteau
Ciseaux
Crayon à tissu
Feutre horticole
Granulés rétenteurs d'eau
Terreau de rempotage

Plantes

Tomate 'Baby Bommer'
Tomate cerise
Fraisiers
Basilic
Origan
Menthe
Poirée
Oseille
Roquette
Moutarde de Chine
Souci
Bleuet

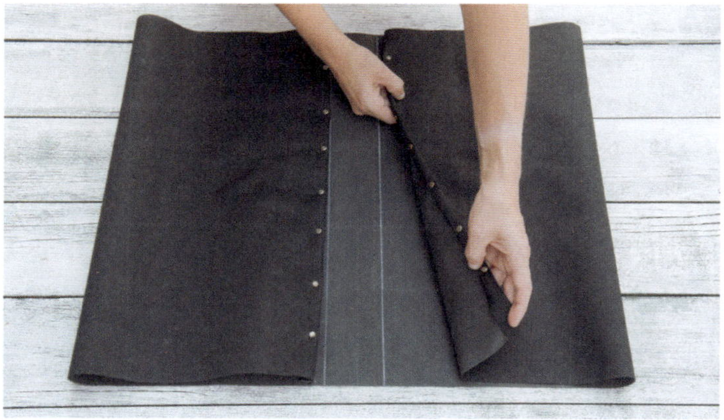

1 Coupez le tissu aux dimensions et faites un ourlet sur les côtés courts en repliant trois fois 2 cm. Maintenez par des rivets distants de 10 cm.

2 Laissez 6 cm à chaque extrémité. Tracez deux lignes au centre pour marquer la largeur de la balustrade, puis ramenez les côtés rivetés sur ces lignes.

3 Retournez le tissu pour préparer la longueur des sacs. Repliez deux fois 3 cm sur la longueur pour faire les coutures et créer les poches. Fixez par des rivets.

4 Coupez du feutre horticole de façon à doubler l'intérieur de chaque sac de plantation pour retenir la fraîcheur.

5 Ajoutez un peu de gel (5 grammes pour 5 litres de terreau) ou granulés rétenteurs d'eau pour favoriser encore la rétention d'eau avant de remplir les sacs.

6 Remplissez les sacs de terreau en insistant dans les angles. Laissez de l'espace sur le dessus pour les mottes des plantes.

7 Placez les sacs à califourchon sur la rambarde. Plantez les plantes de soleil à l'extérieur, celles d'ombre à l'intérieur.

8 Tassez, ajoutez un peu de terreau et arrosez copieusement. Arrosez régulièrement tout l'été, même s'il pleut.

Suggestions de plantations

Considérez ces sacs à califourchon comme des massifs miniatures mariant joliment légumes, fruits et fleurs en un tableau gourmand et coloré.

Souci et verveine apportent une touche colorée à ce sac planté d'oseille.

Ce sac de salades compte aussi la moutarde, la poirée et la tomate cerise au premier plan.

Un sac méditerranéen associant tomate cerise, basilic vert et pourpre, origan.

Les fraisiers apprécient le soleil, ici avec le souci, les bleuets et la menthe en arrière-plan.

Conseils d'entretien

Bien remplis. Si le volume de terreau diminue un peu, ajoutez-en pour garder l'équilibre des sacs.

Toilettage. Supprimez les fleurs fanées et feuilles sèches ou jaunies pour stimuler la poursuite de la floraison.

Un bidon pour le maïs

Amateur de chaleur, le maïs a besoin d'un long été pour sa croissance. Il lui faut aussi un contenant large et profond, comme ce bidon installé au soleil.

De croissance lente et faisant peu d'ombre, le maïs est idéal pour les cultures intercalaires, par exemple la betterave, la laitue, la roquette, le persil ou la moutarde.

Équipement

Grand bac d'au moins 40 cm de diamètre, percé de trous de drainage au fond
Terreau de rempotage
Engrais liquide
Arrosoir

Plantes et graines

Jeunes plants de maïs (semés au chaud ou achetés)
Graines de betterave

1 Vous pouvez semer le maïs au chaud à partir d'avril ou acheter des jeunes plants. Mettez-les en place dans un endroit abrité et ensoleillé, après les gelées.

2 Espacez les plants en les disposant en quinconce plutôt qu'en ligne, pour favoriser la pollinisation par le vent, essentielle pour la formation des épis.

Conseils d'entretien

Plantation. N'attendez pas trop pour mettre en place les jeunes plants aux racines fragiles.

Récolte. Les pieds produisent quelques épis en août ou septembre. Écartez les feuilles pour vérifier que les grains sont mûrs, puis détachez l'épi en le tordant à la base.

3 Arrosez après la plantation et poursuivez les arrosages et les désherbages réguliers du bidon. Arrachez au besoin les plants faibles pour donner plus d'espace aux autres.

4 Semez clair des graines de betterave (ou de petites salades) entre les plants. Après la levée des graines, éclaircissez à l'espacement voulu.

5 Après 4 à 6 semaines, les plants vigoureux ont appauvri le terreau. Commencez les apports hebdomadaires d'engrais liquide pour stimuler la croissance.

6 Cueillez quelques jeunes feuilles de betterave pour les salades. Quelques semaines plus tard, arrachez en douceur les racines pour ne pas bousculer le maïs.

7 Cueillez le maïs dès que les soi es de l'épi brunissent et consommez aussitôt les grains sucrés. Si vous attendez trop, le sucre se transformera en amidon.

Un bidon pour les carottes

Semez clair les carottes en rangs ou en cercles. Le semis en hauteur dans le bidon peut limiter les attaques de mouche de la carotte, qui vole au ras du sol.

Couvrez à peine les graines de terreau, arrosez avec un arrosoir à pomme fine et gardez le terreau humide.

Éclaircissez les petites carottes pour laisser les autres se développer. Les feuilles sont comestibles, évoquant le persil, ajoutez-les à vos salades.

Si vous manquez de place au sol… **Prenez de la hauteur !**

Peut-être **manquez-vous** de place **au sol**, mais en cultivant les plantes à la **verticale**, vous **doublez**, voire **triplez** la surface disponible. Au lieu d'installer un massif surélevé au **pied** d'un mur, des **étagères** (à droite) offrent **plus de place**. Cultivez des **grimpantes** sur des supports **verticaux** pour **optimiser** l'espace. Vous cueillerez **tout l'été** des haricots **grimpants** qui ne prennent **pas** plus **de place** que quelques laitues.

Un tipi de concombres

Le petit concombre 'Crystal Apple' demande peu de place et offre ses guirlandes de fruits savoureux. Pour une récolte généreuse, abritez-le à la chaleur.

D'aspect original, ce petit concombre a le même goût et la même texture que les concombres classiques et est bien adapté à la culture au jardin. 'Lemon' est une variété imilaire.

Équipement

1 grand contenant d'au moins 30-40 cm de diamètre
Terreau de rempotage
Engrais à libération lente
3 tuteurs en bambou
Ficelle de jardin
Arrosoir
Engrais liquide pour tomates
Plastique à bulles

Plantes

Concombre 'Crystal Apple' ou 'Lemon' (semés ou achetés en plants)

1 Remplissez le contenant de terreau de plantation et ajoutez un engrais à libération lente. Si le contenant est en métal, doublez-le de plastique à bulles *(voir p. 29).*

2 Enfoncez les tuteurs dans le terreau, formez un tripode lié en haut avec de la ficelle. Enroulez de la ficelle de bas en haut pour soutenir le concombre.

3 Achetez les plants de concombre ou semez les graines en pots, conservés à l'intérieur. Puis plantez-les en début de printemps, après les gelées.

4 Tassez le terreau autour du plant et arrosez bien. Guidez les jeunes tiges pour qu'elles s'accrochent avec leurs vrilles et se développent en hauteur.

5 Arrosez régulièrement, faites des apports hebdomadaires d'engrais pour tomates. Cueillez les concombres dès qu'ils sont mûrs et assez développés.

Conseils d'entretien

Arrosage. Gardez le terreau humide en permanence car les concombres demandent beaucoup d'eau.

Cueillette. Cueillez les fruits jeunes, pour stimuler la formation de nouveaux fruits. Un pied produit près d'une douzaine de fruits dans l'été.

Deux escabeaux

Ces étagères croulant sous les fleurs, les légumes et les aromatiques, exploitent au mieux l'espace d'une cour ou d'une terrasse.

Équipement

2 escabeaux en bois
3 planches robustes (d'échafaudage)
Environ 20 pots
Terreau de rempotage
Engrais liquide

Plantes et graines

Tomate cerise
Concombre à confire
Basilic pourpre
Souci
Œillet de poète
Viola
Laitue
Fraisier
Piment
Menthe
Thym
Moutarde brune

1 Installez les escabeaux sur une surface plane et ferme, en situation ensoleillée et abritée. Mettez les étagères en place en vérifiant qu'elles sont bien stables.

2 Remplissez un contenant de terreau, puis faites des trous au plantoir, régulièrement espacés, pour les grosses graines (capucines). Couvrez de terreau et arrosez.

3 Semez clair les graines fines à la surface du terreau humide, puis couvrez de terreau comme indiqué sur le sachet. Gardez humide et éclaircissez après la levée.

4 Après les gelées, repiquez les plants ou les aromatiques. Dégagez la motte du godet et rempotez dans un pot plus grand en ajoutant du terreau. Tassez et arrosez bien.

SEMIS DE JEUNES POUSSES

Très vite récoltées, les jeunes pousses sont délicieuses. Essayez toutes sortes de graines pour en savourer les premières feuilles à saveur intense : basilic, moutarde, chou, roquette. Dès la récolte, faites un nouveau semis. En semant toutes les 2 à 3 semaines, vous vous régalerez tout l'été.

Conseils d'entretien

Coupez les fleurs fanées des soucis, œillets, violas pour que se forment de nouvelles fleurs.

Nourrissez les tomates chaque semaine avec un engrais liquide riche en potasse à partir de la floraison.

Pincez l'extrémité des tiges de basilic pour favoriser le buissonnement et une croissance vigoureuse.

5 Même quand il pleut, il faut arroser souvent certains pots du bas qui restent au sec.

Des étagères à adosser

Des étagères adossées contre un mur ensoleillé peuvent accueillir de nombreuses cultures en pots. Ces étagères sont aussi faciles à monter qu'à fixer.

Vous trouverez facilement des kits d'étagères à adosser. Choisissez un modèle adapté à l'extérieur assez robuste pour supporter le poids des pots.

Équipement

Étagères à adosser, en kit
10 à 15 pots
Terreau de rempotage
Perceuse
Tournevis
Vis et chevilles

Plantes et graines

Thym, basilic et ciboulette
Fraisiers
Piments
Graines de carotte, betterave et laitue
Plantes à fleurs comestibles

1 Choisissez un modèle d'étagères adapté à l'emplacement disponible, facile à fixer au mur, et suivez les instructions pour l'assemblage.

2 Installez les étagères contre un mur ensoleillé. Vérifiez que la base est stable et le support plan, les montants bien verticaux, puis fixez les étagères au mur.

3 Vérifiez que les pots sont munis de trous de drainage. Sinon, faites-en quelques-uns à la perceuse.

Conseils d'entretien

Arrosage. Pour éviter que les grands pots ne soient trop lourds sur les étagères une fois arrosés, posez-les au sol pour les arroser.

Engrais. Chaque semaine apportez de l'engrais liquide équilibré pour les salades et de l'engrais pour tomates pour les légumes-fruits.

BIEN RÉPARTIR

Le bon sens dicte de placer sur les étagères basses les pots les plus lourds et les petites plantes retombantes en hauteur.

4 De nombreux légumes, comme la carotte, peuvent être semés directement dans les pots. Saupoudrez finement les graines sur le terreau, couvrez à peine et arrosez.

6 Rempotez fleurs et plantes aromatiques achetées en plants dans des pots remplis de terreau, au même niveau que dans le godet d'origine et tassez du bout des doigts.

5 Gardez le terreau humide jusqu'à la germination, puis éclaircissez à plusieurs reprises pour ne conserver que les plants les plus vigoureux.

7 Arrosez copieusement les pots avant de les installer sur les étagères. Ceci évite que l'eau et le terreau ne gouttent sur les plantes placées dessous. Pour que les étagères restent propres, mettez des soucoupes sous les pots.

8 Tournez régulièrement les pots pour que tous les plants reçoivent le soleil et poussent à la verticale. Surveillez l'avancement des cultures pour récolter dès que possible.

9 Les légumes-feuilles à croissance rapide, tels les salades et les aromatiques, prennent vite de l'ampleur. Cueillez-les souvent, ce qui stimule la pousse de nouvelles feuilles.

10 Les plantes qui apprécient des conditions chaudes et abritées sont des candidates idéales pour ces étagères. Les piments par exemple, qui fleurissent et fructifient tout l'été. Cueillez-les et faites-les sécher pour l'hiver. Poivrons et tomates cerises sont d'autres bons choix.

11 Les plantes retombantes comme les fraisiers sont bien mises en valeur, installées en hauteur. Les fraises sont ainsi isolées des ravageurs, mais vérifiez tout de même que les limaces et les escargots ne grimpent pas ! Pour un effet fleuri et gourmand, ajoutez des soucis et des œillets.

Un support de roues

De vieilles roues de bicyclette offrent un support original aux grimpantes. Les vrilles des concombres s'accrochent ainsi aux rayons !

Choisissez une variété de concombre sélectionnée pour la culture au jardin. Les variétés aux fruits plus petits, comme 'Burpless Tasty Green', sont très productives.

Équipement

- 3 roues de vélo
- 3 longs clous à grosse tête
- Épingles métalliques en U
- Grand bac
- Ficelle de jardin
- Marteau
- Terreau de rempotage
- Engrais liquide pour tomates

Plantes

- 1 concombre à port grimpant (semé ou acheté en plant)

1 Choisissez une situation chaude et abritée, contre une clôture robuste ou un mur et essayez différentes positions pour les roues afin d'offrir le plus d'espace à la plante.

2 Fixez un long clou à grosse tête dans le moyeu de chaque roue. Clouez quelques épingles métalliques sur des rayons pour plaquer la roue contre le support.

Conseils d'entretien

Pincement. Pincez l'extrémité des tiges dès qu'elles atteignent le haut du support, pour favoriser les pousses latérales qui vont se développer sur les roues.

Oïdium. Cette maladie se manifeste par un enduit poudreux sur les feuilles, souvent en conditions sèches. Supprimez les feuilles atteintes dès que vous les repérez.

3 Positionnez les roues pour qu'elles se chevauchent et offrent un support continu. Vérifiez qu'elles ne risquent pas de tourner dans le vent et d'abîmer les tiges.

4 Attendez la fin des gelées pour planter dans le bac dehors. Installez le plant à la même hauteur que dans son pot d'origine pour éviter la pourriture du collet. Tassez et arrosez.

5 Un petit tuteur en bambou sert de support au plant jusqu'à ce qu'il atteigne la première roue. Arrosez et protégez le plant des limaces, friandes de jeunes pousses.

6 Dès que le plant atteint la première roue, fixez-le avec de la ficelle, puis observez sa croissance. Il va former des vrilles et s'accrocher par lui-même au support.

7 Arrosez régulièrement, même par temps humide. Aux premières fleurs, donnez-lui de l'engrais pour tomates toutes les semaines pour favoriser la fructification.

8 La maturation étant rapide, cueillez les concombres dès qu'ils atteignent 20 à 25 cm de long, avec une peau fine. La récolte stimule la formation de nouveaux fruits.

D'AUTRES GRIMPANTES

Toute culture émettant des vrilles peut grimper sur des roues de vélo. Plantez 1 ou 2 plants de pois mangetout dans un contenant large, après les dernières gelées et soutenez-les avec des branchages ramifiés jusqu'à ce qu'ils atteignent les roues. Guidez-les sur les rayons au début de leur croissance. Arrosez bien et tenez les escargots et les limaces à distance.

Un bac à haricots

De culture facile, les haricots à rames sont parfaits pour encadrer une porte de leurs fleurs colorées et offrir tout l'été une belle récolte de haricots.

Équipement

2 jardinières longues, identiques, d'au moins 1 m de long, 30 cm de large, 45 cm de profondeur
10 rames ou piquets en bois, d'environ 2 m de longueur
Terreau de rempotage
Lien en plastique ou ficelle de jardin
Engrais liquide
Arrosoir

Plantes

Haricot Borlotti 'Lingua di Fuoco 2'
Haricot mangetout à rame 'Cobra' et 'Mélissa'
Haricot d'Espagne 'St George' et 'Emergo'

Pour la diversité et le régal des yeux, associez le haricot d'Espagne, le 'Borlotti' et le mangetout, aux fleurs rouges, roses et blanches, et aux gousses jaunes, pourpres, rouges et vertes.

1 Les haricots acceptent l'ombre légère mais préfèrent une situation ensoleillée et abritée. Placez les jardinières de part et d'autre d'une porte et remplissez-les de terreau.

2 Enfoncez 4 piquets près du bord intérieur de chaque jardinière, en les inclinant vers le centre de l'arche. Attachez-les au piquet opposé avec des liens ou de la ficelle.

Conseils d'entretien

Pincez les tiges lorsqu'elles atteignent le haut du support pour favoriser l'émission de pousses latérales.

Cueillez régulièrement car tant qu'il y a des fleurs, il y aura des gousses ! Supprimez les vieilles gousses cachées parmi le feuillage avant qu'elles ne stoppent la fructification.

3 Les haricots atteignent 2,50 m de hauteur et demandent un support solide. Consolidez l'arche par une traverse horizontale fixée aux points d'attache des piquets verticaux.

4 Fixez une deuxième traverse horizontale à mi-hauteur pour stabiliser l'arche et constituer un support solide et durable pour ces vigoureuses plantes grimpantes.

5 Après les gelées, semez 2 ou 3 haricots au pied de chaque piquet. Si aucune graine ne germe, renouvelez le semis quelques semaines plus tard.

6 Vous pouvez aussi semer au chaud en godets en mars, puis endurcir les plants et les mettre en place après les derniers froids. Attachez les plants au piquet.

7 Arrosez les jeunes plants, surtout lorsqu'apparaissent les fleurs. Après 4 à 6 semaines, commencez les apports hebdomadaires d'engrais liquide pour tomates.

8 Cueillez les jeunes gousses tous les 2 à 3 jours pour stimuler la poursuite de la floraison. Plus tard en saison, cessez la cueillette pour les laisser sécher.

9 Si la place le permet, semez des légumes à croissance rapide (roquette, radis, moutarde) dans les jardinières, au pied des haricots et renouvelez les semis après la récolte.

Ne vous contentez pas de recycler… **Ré-inventez!**

Terreau, **eau** et **lumière**, voilà **tout** ce dont les plantes ont **besoin** pour **pousser**. Tant que les **contenants** leur apportent ces **trois éléments**, vous pouvez, pour ainsi dire, **tout utiliser** pour vos **cultures**. Le **recyclage** d'objets **anciens** est très **gratifiant** car il vous permet d'être **créatifs** tout en cultivant des **produits sains**. Ici, des **bidons** de récupération **empilés** accueillent, sur une **petite** surface, des plantations **généreuses** d'aromatiques, de **tomates** et de **piments**.

Une palette

Avec quelques aménagements, une palette en bois devient un mur végétal gourmand, accueillant légumes et aromatiques à foison.

Équipement

- 1 palette en bois recyclée
- Bâche de plantation
- Terreau de rempotage
- Ciseaux
- Agrafeuse et agrafes
- Petit arrosoir

Plantes

- Fraisiers
- Tomate cerise, laitue, sauge, thym et origan
- Œillets, violas et capucines
- Graines de votre choix

1 Les palettes de récupération sont faciles à trouver, à la déchetterie par exemple. Recherchez-en une de taille moyenne, en bon état, avec des espaces assez larges.

2 Créez des poches de plantation. Découpez des morceaux de bâche un peu plus longs que la longueur voulue et de deux fois la profondeur.

3 Utilisez la première poche comme patron pour couper les autres. Chaque poche est repliée dans le sens de la longueur, les extrémités arrivant contre les côtés de la palette.

4 Placez la première poche en haut de la palette. Vérifiez que la bâche s'insère bien aux extrémités, sans risques de perte de terreau.

5 Agrafez la poche sur un côté, puis retournez la palette pour agrafer l'autre côté. Assurez-vous de la solidité de la poche qui doit supporter le poids du terreau humide et des plantes.

6 Continuez à poser les poches de plantation vers le bas de la palette en les fixant sur les côtés. Ici sont créés 18 compartiments de plantations. Mettez la palette debout.

TREMPAGE

L'eau est précieuse dans l'espace limité proposé aux plantes, aussi faites tremper les mottes avant de les planter. Placez les godets dans une cuvette d'eau jusqu'à ce que plus aucune bulle d'air ne s'échappe du terreau. Sortez les godets et laissez le terreau s'égoutter.

7 Installez la palette à l'endroit voulu et fixez-la solidement au mur ou à la clôture avant de remplir de terreau. Remplissez la partie supérieure, puis aidez-vous d'un transplantoir pour bien remplir les autres compartiments.

8 Terminez le remplissage pour utiliser au mieux les espaces de plantation. Laissez un peu d'espace pour l'arrosage.

9 Avant de planter, faites un plan pour créer un bel équilibre entre les plantes buissonnantes ou retombantes et les fleurs. Placez les retombantes en hauteur, les plantes d'ombre plus bas, et semez au sommet.

10 Glissez les jeunes plants de laitue en biais dans les espaces horizontaux et enfoncez la motte dans le terreau.

11 Pour attirer les regards, plantez une diagonale de sauge panachée, puis entourez-la d'autres aromatiques. Prenez du recul pour juger de l'effet.

12 Quand vous êtes satisfait des plantations dans la paroi verticale, consacrez-vous au sommet de la palette, à garnir de tomates cerises, fraisiers et capucines. Ou bien semez une culture à croissance rapide (radis).

13 Prenez un arrosoir à long bec pour arroser chaque étage de plantation et rajoutez un peu de terreau pour combler tout vide apparaissant une fois le terreau tassé.

14 Surveillez les arrosages ! Les poches de plantation verticales demandent beaucoup d'attention pour obtenir une végétation dense là où aucune pluie ne vient mouiller le terreau.

Conseils d'entretien

Nettoyage. Pour que la palette garde un bel aspect, supprimez régulièrement les fleurs fanées, les feuilles jaunies ou abîmées.

Récolte. Coupez les feuilles de laitue une à une pour que la plante poursuive sa croissance. Cueillez les aromatiques selon vos besoins et récoltez les tomates et les fraises quand elles sont mûres.

Des courgettes en sac

Les sacs en plastique tissé sont robustes et durables, assez spacieux pour accueillir des légumes comme les courgettes. Ils sont ensuite faciles à stocker en hiver !

Essayez 'Soleil' pour des fruits jaunes, 'Bianca di Sicilia' pour des fruits crème ou 'Sunny' pour des fruits verts miniatures. Espacez les plants de près d'1 m.

Équipement

Sacs de courses en plastique tissé
Terreau de rempotage
Engrais liquide pour tomates
Arrosoir

Plantes

1 plant de courgette par sac, semé au chaud en mars-avril ou acheté

1 Remplissez le sac de terreau de plantation, en laissant 4 à 5 cm en haut pour l'arrosage. Après les derniers froids, installez 1 plant par sac et tassez bien.

2 Arrosez régulièrement toute la saison, surtout en période chaude et sèche, pour éviter l'oïdium. Dès qu'apparaissent les premières fleurs, faites des apports hebdomadaires d'engrais pour tomates.

Conseils d'entretien

Semez à quelques semaines d'intervalle pour éviter la surproduction et récolter jusqu'en début d'automne. Les fleurs de courgette sont également comestibles.

Des conditions froides et humides ne conviennent pas aux courgettes. Attendez que les températures remontent avant de les planter au jardin.

3 Cueillez les fruits en tordant le pédoncule, lorsqu'ils sont jeunes et savoureux. Surveillez-les de près car les courgettes grossissent très vite en plein été !

4 Récoltez régulièrement les courgettes pour stimuler la formation de jeunes fruits. Bien arrosé et fertilisé, 1 plant peut donner jusqu'à 20 courgettes.

Pommes de terre en sac

Les grands sacs en toile sont parfaits pour les pommes de terre primeur. Remplissez le sac sur un tiers de sa hauteur, placez trois tubercules, du terreau puis encore deux tubercules, du terreau, et arrosez.

Récoltez quand les plants de pommes de terre ont fleuri et que les tiges commencent à jaunir. Arrachez-en quelques-unes à la fois ou découpez le sac pour tout récolter.

Un myrtillier en pot

Les myrtilliers se prêtent bien à la culture dans un grand bac. Elles fleurissent et fructifient généreusement. Il leur faut un sol acide, facile à obtenir en bac.

Équipement

1 grand bac d'au moins 45 cm de diamètre
Terreau pour arbustes de terre de bruyère
Récupérateur d'eau de pluie
Tuteurs en bambou
Filet en plastique

Plantes

1 plant (peut-être 2) de myrtillier

Les myrtilliers sont des arbustes de sol acide qui demandent un terreau et de l'eau non calcaire. Ainsi, arrosez-les avec de l'eau de pluie si celle du robinet est calcaire.

1 Choisissez un bac d'au moins 45 cm de diamètre et de profondeur, pourvu de trous de drainage (ou percez-en). Versez-y du terreau pour plantes de terre de bruyère.

2 Extrayez la motte du conteneur. Placez le pot dans le bac, sur le terreau, de façon à ce que le bord supérieur du pot soit 5 cm sous le bord du bac.

3 Remplissez le bac de terreau humide autour de l'ancien pot, en tassant progressivement. De cette façon, la motte de racines sera placée à bonne profondeur dans le bac.

4 Faites pivoter le pot pour le dégager et l'enlever. Reste un trou du volume exact de la motte de racines du myrtillier à planter.

5 Démêlez légèrement les racines du pourtour de la motte avec les doigts, puis mettez-la en place dans le bac, tassez et arrosez copieusement.

Pollinisation

Les fleurs doivent être pollinisées pour former des fruits. Certaines variétés sont autofertiles, une plante suffisant à la pollinisation, mais les autres exigent la présence d'une autre variété.

Conseils d'entretien

Arrosage. Maintenez le terreau légèrement humide en permanence, en arrosant à l'eau de pluie.

Engrais. Dès qu'apparaissent les premières fleurs, donnez une fois par mois de l'engrais liquide pour tomates.

Taille. Commencez à tailler après la deuxième année. Au printemps, supprimez le bois faible, mort ou malade. Rabattez les tiges ayant fructifié sur un bourgeon vigoureux et supprimez un tiers des vieilles tiges.

6 Les oiseaux sont friands de myrtilles et picorent les fruits dès qu'ils mûrissent. Protégez l'arbuste par un filet tendu sur des tuteurs.

Un bac fait maison

Pourquoi acheter ce que vous pouvez fabriquer ? Cette jardinière rustique sur mesure est facile à réaliser même par un bricoleur novice.

Un coup de vent violent peut faire basculer une jardinière non fixée. Si vous l'installez en hauteur, assurez-vous de sa fixation.

Équipement

- Planches de bois traité en autoclave, de 1,5 cm d'épaisseur
- Mètre à enrouleur
- Crayon
- Scie à bois
- Perceuse avec mèches à bois
- Vis de 4 cm de long
- Tournevis
- Ruban de cuivre
- Papier de verre
- Terreau de rempotage

1 Avant de décider des dimensions de la jardinière, vérifiez l'horizontalité du support et de sa robustesse. Deux petites jardinières sont plus pratiques qu'une grande. Mesurez et reportez les dimensions sur les planches.

2 Installez-vous sur une surface stable pour scier les planches à la longueur voulue. Tenez-les en position pour vérifier que vous avez coupé aux bonnes dimensions.

3 Percez deux avant-trous d'environ 6 mm aux extrémités de chaque longueur de jardinière, pour éviter que le bois ne se fende. Assemblez les côtés avec des vis pour former un rectangle.

SOUS LA MAIN

Quel cuisinier n'apprécierait pas une jardinière d'herbes aromatiques sur l'appui de fenêtre, toujours fraîches et à disposition ?

4 En maintenant le rectangle en place, vissez deux à deux les côtés de la jardinière. Si le rectangle se déforme, dévissez et réajustez. Terminez le vissage en serrant bien.

Conseils d'entretien

Protection du bois. Vous pouvez passer un produit protecteur à l'intérieur et à l'extérieur de la jardinière pour prolonger sa durée de vie.

Plantes. Pincez les herbes aromatiques pour stimuler leur buissonnement. Ajoutez quelques plants de laitue, précieuses pour une récolte feuille à feuille sur l'appui de fenêtre.

5 Lorsque les 4 côtés sont assemblés, mettez le fond en place et maintenez-le fermement. Percez des avant-trous puis vissez pour fixer le fond aux planches de côté.

6 Vissez de petits tasseaux en bois sous la jardinière pour la surélever légèrement, faciliter le drainage et isoler le bois de l'humidité du support.

7 Utilisez une mèche à bois de gros diamètre pour percer des trous de drainage à intervalles réguliers au fond de la jardinière pour éviter l'humidité stagnante.

8 Pour éloigner escargots et limaces, collez un ruban de cuivre tout autour de la jardinière. La charge électrique du cuivre dissuade les mollusques.

9 Fixez le ruban de cuivre avec des clous galvanisés régulièrement espacés. Passez un papier de verre sur le bois pour éliminer les échardes et adoucir les angles.

10 Remplissez la jardinière de terreau presque jusqu'au bord, en laissant un espace pour l'arrosage et plantez. Arrosez et mettez la jardinière en place sur la fenêtre.

Des courges palissées

Palisser des courges sur un support vertical est une excellente façon de cultiver ces légumes dans un espace réduit avec un effet décoratif garanti !

Faciles à cultiver à partir de semis, les courges se déclinent en innombrables formes et tailles. Choisissez des variétés à petits fruits comme 'Mini Red Turban' ou 'Anvers'.

Équipement

Grande jardinière ou bac en métal
Plastique à bulles
Terreau de rempotage
Tuteurs en bois ou bambou
Ficelle de jardin
Ciseaux
Engrais liquide
Paillis
Arrosoir

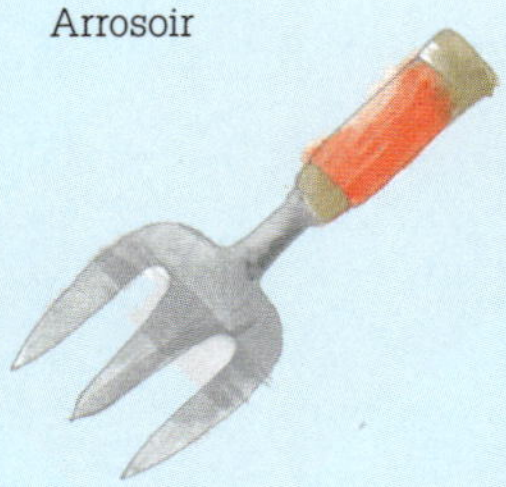

Plantes

Plants de courges
Capucines (facultatif)

1 Les contenants métalliques sont décoratifs mais s'échauffent vite au soleil. Pour garder les racines au frais, doublez les parois intérieures de plastique à bulles.

2 Après avoir bien isolé les parois avec le plastique à bulles, percez de petits trous pour permettre le drainage de l'eau d'arrosage. Installez la jardinière au soleil et remplissez-la de terreau de rempotage.

Conseils d'entretien

Arrosage et engrais. Arrosez, surtout en période chaude et sèche, sans laisser sécher le terreau. Un mois après la plantation, commencez des apports hebdomadaires d'engrais liquide pour une belle récolte.

Palissage. Répartissez les tiges sur le support en utilisant de la ficelle pour les attacher.

3 Montez la structure de piquets verticaux en bois ou tuteurs en bambou, puis ajoutez des traverses horizontales fixées avec de la ficelle pour un support solide et stable.

4 Plantez les courges après avoir endurci les jeunes plants et attendez la fin des derniers froids. Dans le cas d'une petite variété, groupez 2 plants, espacés de 30 à 45 cm.

5 Arrosez bien et guidez les jeunes tiges sur le support avec des liens lâches en ficelle de jardin. Palissez-les pour que le support soutienne le poids des fruits.

6 Étalez en surface un paillis de compost nutritif qui conservera la fraîcheur autour des racines.

Astuces

La maturation des fruits sera favorisée si vous supprimez toute feuille leur faisant de l'ombre.

Des fleurs en bonus. Si la place le permet, ajoutez des capucines aux fleurs comestibles.

Vous manquez peut-être de place…

Mais pas d'idées !

Pour **tirer** le **meilleur** parti d'une **petite** surface, **réfléchissez** à tous les **emplacements** pouvant accueillir des **plantes**, aussi **improbables** soient-ils… Puis réfléchissez aux **possibilités** d'aménagement ! La plupart des plantes sont **adaptables** et **faciles** à **cultiver**, ce qui permet d'être **vraiment inventif**. Si par exemple une **table de jardin** sert **rarement**, pourquoi ne pas consacrer une partie de sa surface à des **salades** à couper ?

Des gouttières

Les gouttières en PVC sont faciles à fixer sur une surface verticale ensoleillée. Elles accueilleront des cultures très courtes, comme pousses de pois et jeunes pousses.

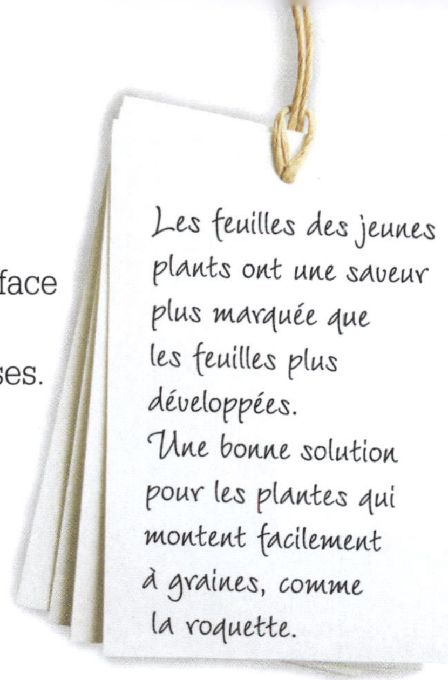

Équipement

- Éléments de gouttière en PVC
- Extrémités de gouttière
- Crochets de gouttière
- Crayon
- Scie à métaux
- Vis
- Tournevis
- Perceuse
- Colle époxy
- Terreau de rempotage
- Arrosoir

Graines

- Pois
- Moutarde, roquette, chou mizuna
- Aromatiques – basilic, fenouil, coriandre, persil

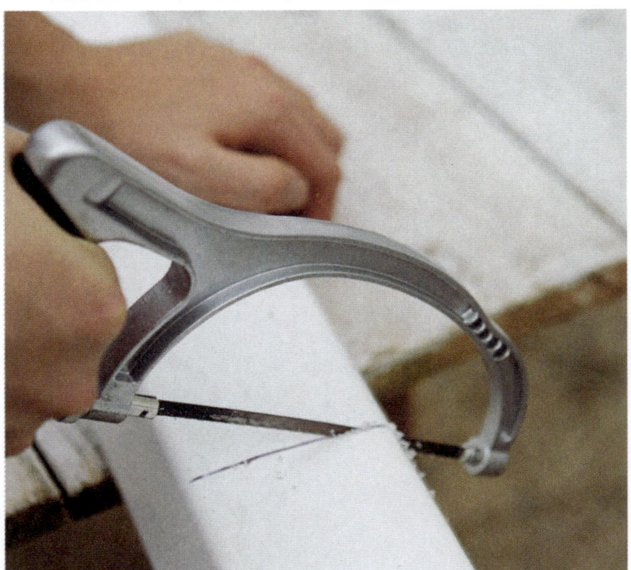

1 Mesurez l'espace disponible et décidez de la longueur et de la disposition des éléments de gouttière. Marquez la longueur au crayon, puis sciez la gouttière.

2 Tenez fermement la gouttière sur une surface stable et prenez la perceuse pour percer des trous de drainage au fond, espacés de 15 cm environ dans la longueur.

LA COURSE AUX JEUNES POUSSES

Au soleil ou à mi-ombre, ces gouttières offrent une solution géniale aux jardiniers impatients, sur un minimum d'espace ! Jeunes pousses de légumes et d'aromatiques se récoltent au bout de quelques jours, puis les gouttières sont ressemées jusqu'à trois fois de suite avant de renouveler le terreau et de semer à nouveau.

Conseils d'entretien

Arrosage. Prévoyez des arrosages quotidiens, en douceur, pour répondre aux besoins des semis.

Maladies et ravageurs. Les jeunes pousses sont vite récoltées, ce qui laisse peu de temps aux attaques de maladies ou ravageurs. Surveillez escargots et limaces capables de grimper se régaler, arrêtez-les en route.

3 Préférez des gouttières blanches que vous pourrez aisément peindre selon vos envies. Utilisez des extrémités de gouttière faciles à coller ou adaptées pour retenir eau et terreau.

4 Repérez l'emplacement des supports, sans oublier celui au milieu de la gouttière et vérifiez l'horizontalité. Percez, vissez les crochets et clipsez les gouttières en place.

5 Remplissez la gouttière de terreau en laissant un petit espace pour l'arrosage. Nivelez et tassez délicatement. La gouttière est prête pour les premiers semis !

6 Semez assez dense, car chaque jeune plant sera vite récolté. *(Ici un semis de pois.)* Couvrez d'un peu de terreau, puis arrosez avec un arrosoir à pomme fine.

7 Surveillez les semis au bout de quelques jours pour voir si les graines ont germé. Éclaircissez les semis trop serrés, consommez les plants que vous aurez retirés et attendez que le reste soit prêt pour la cueillette.

8 Selon les plantes, récoltez au bout de 5 à 10 jours. Arrachez les jeunes plants avec les racines, lavez-les bien et dégustez tout. Cueillez les pousses de pois et les feuilles de salade jeunes et tendres.

Un dallage productif

Les aromatiques peuvent animer allée ou dallage. Plantez des espèces rampantes entre les dalles, pour leurs fleurs, leur parfum et leur saveur.

> *La plupart des aromatiques se plaisent au soleil et demandent peu de soins. Associez des espèces fleuries comme la camomille et des feuillages colorés comme les thyms panachés.*

Équipement

- Dalles
- Gravier
- Feutre géotextile
- Transplantoir
- Arrosoir

Plantes

- Aromatiques à port rampant et à fleurs, comme camomille, menthe de Corse, origan et thyms panachés.

1 Décidez de l'emplacement du dallage, nivelez le sol et posez le feutre géotextile. Couvrez de gravier et insérez les dalles en laissant de petits espaces de plantation.

2 Dégagez un peu de gravier entre les dalles, découpez des entailles dans le feutre et creusez dessous. Plantez les mottes, puis remettez en place feutre et gravier.

3 Arrosez bien et gardez les mottes humides jusqu'aux premiers signes de reprise des plantes. Pincez les tiges pour stimuler le buissonnement et taillez si nécessaire.

DES PARFUMS À VOS PIEDS

Outre la production de feuilles aromatiques pour la cuisine, les bonnes herbes d'une allée créent une scène odorante. Le simple fait d'effleurer les touffes dégage dans l'air des parfums subtils.

Des suspensions

Beaucoup d'aromatiques préfèrent les sols secs et se plaisent en suspension. Placez-en une près de la fenêtre ou de la cuisine pour profiter des herbes parfumées.

Pour un bel effet, choisissez des formes à port buissonnant et retombant, à feuillage argenté, doré et pourpre. Accrochez la suspension en situation ensoleillée et abritée.

Équipement

- Panier suspendu
- Crochet de suspension
- Terreau de rempotage
- Transplantoir
- Arrosoir

Plants

- Origan doré
- Sauge pourpre
- Plante à curry
- Ciboulette
- Menthe

1 S'il n'y en a pas déjà, fixez un crochet pour attacher la suspension à l'endroit voulu. Remplissez le fond de terreau en laissant la place pour les plantes.

2 Plantez les aromatiques à environ 5 cm sous le rebord de la suspension, les retombantes sur les côtés, les buissonnantes au milieu. Comblez avec du terreau et tassez.

3 Arrosez bien, laissez égoutter puis ajoutez un peu de terreau si nécessaire. Fixez les chaînes au panier et suspendez-le sous son angle le plus décoratif.

BICHONNEZ LES AROMATIQUES

Arrosez pour favoriser la croissance de pousses tendres, donnez leur une fois par mois de l'engrais liquide équilibré. Pincez les tiges pour stimuler le buissonnement et cueillez feuilles et pousses selon les besoins. Les aromatiques persistantes, comme la sauge et le romarin, demeurent colorées en hiver.

Un mur à poches

Ces poches de plantation superposées sont faciles à se procurer, une bonne solution pour installer de petites plantes sur un mur ensoleillé.

Équipement

Mur végétal à poches
Liens en plastique et fil métallique plastifié
Terreau de rempotage
Tuteurs en bambou
Granulés rétenteurs d'eau

Plants et graines

Ciboulette
Fraisiers
Graines de jeunes pousses à semer
Romarin
Sauge
Thym
Violas

Ces poches murales conviennent aux aromatiques et autres petites plantes, à associer à votre guise. En automne, le tout est facile à démonter et à ranger jusqu'au printemps suivant.

1 Décidez de la surface à couvrir et procurez-vous les poches de plantation nécessaires, en choisissant des modèles adaptés à vos besoins.

2 Pour éviter de multiplier les trous, les poches sont suspendues à un tuteur en bambou. Prévoyez du fil métallique robuste.

3 Assemblez les poches de plantation si nécessaire avec des liens en plastique solides. Si les poches n'ont pas de trous, percez-en soigneusement pour ne rien déchirer.

4 Assemblez le nombre de poches que peuvent supporter le bambou et le fil métallique, sans oublier que le terreau humide est lourd. Vous pouvez aussi utiliser piquets et ficelle.

5 Attachez le tuteur aux poches supérieures avec des liens en plastique. Fixez des vis dans le mur et accrochez le mur végétal en utilisant le fil métallique *(voir l'étape 2)*.

6 Le terreau des poches sèche rapidement, aussi ajoutez un peu de granulés ou de gel rétenteur d'eau. Humidifiez bien le mélange avant de réaliser les plantations.

7 Plantez les poches successivement, en commençant par le haut et en laissant un espace de 5 cm pour l'arrosage.

8 Associez plantes buissonnantes et retombantes, aromatiques, fleurs et fruits comestibles. Un petit plant d'arbuste aromatique (sauge ou romarin) y trouve aussi sa place.

Conseils d'entretien

Arrosage. Arrosez souvent, en surveillant chaque jour en période chaude. Arrosez le matin, avec un arrosoir à bec fin.

Nettoyage. Rabattez les plantes qui se dégarnissent, supprimez les fleurs fanées et cueillez régulièrement ce qui peut l'être.

PROJETS POUR MINI-JARDINS

9 pots, 1 potager

Si vous n'avez pas la place pour un massif surélevé classique, vous pouvez créer un espace de culture similaire avec de grands pots. Ici 9 pots donnent l'équivalent d'un massif de 1 x 1 m, avec deux récoltes successives du printemps à l'hiver.

Pour tirer le **meilleur** des **pots** ou des **sacs**, **semez** pour récolter au **printemps** puis en **été**, ce qui **double** le **nombre** de légumes cultivés dans la **saison**. Utilisez les plus **grands contenants** possible, munis de **trous** de drainage.

Ce qu'il vous faut

• Équipement
- Grands pots ou sacs de plantation
- Terreau de rempotage
- Tuteurs en bambou
- Ficelle de jardin

• Outils
- Transplantoir
- Ciseaux

QUAND SEMER OU PLANTER

Radis
Semez à partir du printemps.

Haricots
Semez en début d'été.

Laitues
Semez à partir du printemps.

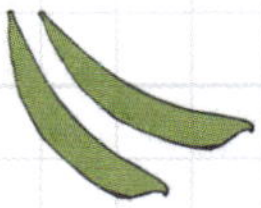

Haricots d'Espagne
Semez en fin de printemps.

Mangetouts
Semez en début de printemps.

Choux noirs de Toscane
Semez en godets au printemps.

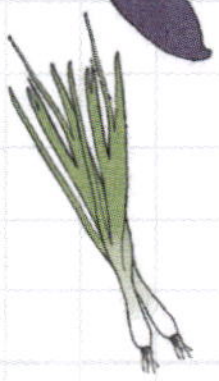

Oignons verts
Semez au printemps.

Brocolis chinois (Kai-lan)
Semez en début d'été.

Pousses de pois
Semez en début de printemps en petites quantités.

Concombres
Plantez en début d'été.

Pois gourmands
Semez en début de printemps.

Tomates
Plantez en fin de printemps.

Carottes
Semez à partir de la mi-printemps.

Basilic
Plantez en fin de printemps.

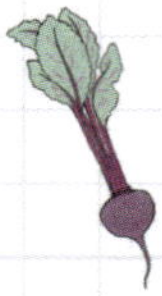

Betteraves
Semez à partir de la mi-printemps.

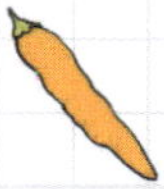

Piments
Plantez en début d'été.

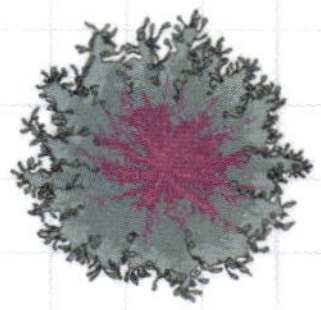

Choux kale
Semez à partir de la mi-printemps.

Estragon
Plantez en fin de printemps ou début d'été.

Les pots au printemps

Les pots en été

D'autres cultures possibles

Printemps

Roquette
À la place des oignons verts, semez cette petite salade à saveur poivrée directement en place au printemps.

Moutarde brune
À la place des radis, semez cette moutarde comme une salade à couper. Semez en place puis éclaircissez les plants.

Poirée
À la place du chou kale, semez en place ou plantez de jeunes plants. Une culture qui produit jusqu'en hiver !

Courges
À la place des pois ou des haricots, palissez une variété à petits fruits sur un tipi. Arrosez et donnez de l'engrais.

Épinard
À la place des brocolis chinois, semez en place dans le pot ou le sac et récoltez feuille à feuille pour la repousse.

Chou-rave
À la place des choux kale, semez en début d'été ce chou peu courant apprécié pour ses raves tendres et colorées.

Été

Légumes-feuilles asiatiques
À la place de l'estragon, ces légumes-feuilles à croissance rapide peuvent être semés toutes les 3-4 semaines en été.

Basilic ou basilic pourpre
À la place du basilic camphré, une autre forme de basilic à semer en annuelle en début d'été.

Courgettes
À la place des pois ou haricots, installez un plant par pot en début d'été. Arrosez et donnez de l'engrais.

Pot 1
Printemps

Les radis sont des champions de rapidité de croissance, prêts à récolter en 4 à 6 semaines. Semez-les en place à partir du début de printemps.

1 La croissance est rapide, aussi éclaircissez les plants dès qu'ils peuvent être saisis entre le pouce et l'index.

2 Veillez à des arrosages réguliers et arrachez les radis dès qu'ils ont une taille suffisante, selon les besoins.

Pot 1 Été

Les haricots peuvent être semés dès que les radis sont arrachés. Incorporez un peu d'engrais à libération lente au terreau et installez un tipi de tuteurs.

1 Le plus simple est le semis des haricots en place, par 2 ou 3 graines au pied de chaque tuteur, dès que les radis ont été récoltés.

2 Installez le pot ou le sac en situation ensoleillée et abritée. Arrosez et faites des apports hebdomadaires d'engrais pour tomates, dès le début de la floraison. Cueillez les haricots jeunes pour stimuler la production.

Pot 2
Printemps

Les laitues sont faciles à réussir. Récoltez-les feuille à feuille dès que leur taille est suffisante, ou bien une fois pommées après 9 à 12 semaines.

1 Semez clair en surface au printemps. Dès que les plants lèvent, éclaircissez et ajoutez les plants éclaircis dans les salades. Laissez 4 plants former des pommes.

2 Récoltez les pommes en début d'été ou bien récoltez les feuilles extérieures au fur et à mesure des besoins.

Pot 2 Été

Les haricots d'Espagne se prêtent à la culture en pot s'ils sont bien arrosés. Semez au chaud au printemps pour repiquer en juin ou semez en place en juin.

1 Prévoyez le support, guidez les jeunes tiges et arrosez régulièrement. Commencez les apports hebdomadaires d'engrais pour tomates dès le début de la floraison.

2 Cueillez les gousses dès qu'elles sont assez développées, ce qui encourage leur renouvellement.

Pot 3
Printemps

Les pois mangetouts ont une saveur incomparable et sont faciles à cultiver, mais ils sont chers à l'achat. Semez-les en place au printemps.

1 Tous les pois ont besoin d'un support pour leur croissance. Piquez quelques branchages ramifiés dans le terreau à cet effet.

2 Ne laissez pas sécher le terreau, surtout pendant la floraison. Cueillez les gousses dès que les pois se forment à l'intérieur.

Pot 3 Été

Le chou noir de Toscane est un chou frisé aux feuilles savoureuses. Sa croissance est lente, mais les feuilles se récoltent de la fin d'été au printemps suivant.

1 Semez en godets au printemps, éclaircissez pour ne garder que 1 plant par godet, puis attendez pour la mise en place que les pois aient été récoltés.

2 Arrosez bien et tuteurez les grandes plantes si nécessaires. Coupez les feuilles externes quand elles sont assez développées.

Pot 4
Printemps

Les oignons verts sont cultivés pour leurs feuilles et leurs bulbes à saveur douce d'oignon. Pour une note colorée, choisissez une variété rouge.

1 Semez en place au printemps, puis éclaircissez les plants à 2,5 cm de distance pour que les bulbes grossissent un peu.

2 Arrosez régulièrement et arrachez les plantes entières quand la base de la tige atteint le diamètre d'un crayon.

BIEN RÉCOLTER

Si vous arrachez délicatement, un à un, les oignons verts, les plus petits laissés en place poursuivent leur croissance. Utilisez les plants éclaircis comme la ciboulette.

Pot 4 Été

Le brocoli chinois est apprécié pour ses feuilles, ses pousses et ses fleurs charnues. Semé au printemps, il peut être récolté 8 à 10 semaines plus tard.

1 Semez les graines en place et éclaircissez les plants à 20 cm de distance. Arrosez régulièrement et surveillez d'éventuelles attaques de chenilles (*ci-dessus*).

2 Lorsque les tiges atteignent 20 à 25 cm rabattez-les à 7-8 cm. Laissez repousser les feuilles puis coupez-les à nouveau un peu plus tard.

Pot 5 Printemps

Les pousses de pois, véritable gourmandise, sont prêtes à récolter en trois semaines ! Vous pouvez faire deux à trois récoltes successives au printemps.

1 Faites tremper les graines une nuit avant de semer en place à 2 à 3 cm de distance. Toutes les variétés conviennent pour la culture des pousses.

2 Quand les pousses font 10 à 15 cm, coupez-les au-dessus des feuilles inférieures. Poursuivez les arrosages pour récolter deux à trois fois les repousses.

ARROSEZ BIEN

Maintenez le terreau légèrement humide pour préserver la saveur des pousses. Les arrosages réguliers permettent aussi d'éviter l'oïdium *(voir p. 245)*.

Pot 5 Été

Les concombres demandent une situation chaude et abritée, un support de palissage. Préférez une variété à petits fruits, plus productive tout l'été.

1 Installez les jeunes plants après les derniers froids et après l'arrachage des pois. Guidez d'abord les jeunes tiges sur le support.

2 Arrosez régulièrement. Dès le début de la floraison, mettez toutes les semaines de l'engrais pour tomates. Cueillez les fruits dès qu'ils ont la taille voulue.

Pot 6
Printemps

Les pois gourmands produisent des gousses savoureuses dès la fin du printemps. Semez-les en place au début du printemps.

1 Insérez 3 ou 4 tiges ramifiées dans le terreau avant le semis, pour soutenir les tiges des pois. Semez, puis guidez les jeunes tiges qui grimperont ensuite par elles-mêmes. Arrosez très régulièrement.

2 Cueillez les gousses dès qu'elles sont renflées. La cueillette stimule le renouvellement des gousses.

Pot 6 Été

Les tomates demandent une situation chaude et abritée. Les variétés à port indéterminé, menées sur une seule tige, sont très adaptées à la culture en pot.

1 Installez 1 jeune plant en début d'été, avec un tuteur de 2 m de hauteur pour soutenir la tige. Fixez la tige avec des liens souples et arrosez régulièrement.

2 Supprimez les pousses latérales ou gourmands. Faites des apports hebdomadaires d'engrais pour tomates dès le début de la floraison. Cueillez les tomates dès qu'elles se détachent facilement de la tige.

Pot 7
Printemps

Les carottes sont savoureuses jeunes, environ 12 semaines après le semis. Préférez les variétés hâtives à racine courte ou ronde, idéales en pot.

1 Semez clair pour éviter les attaques de mouche de la carotte, attirée par l'odeur, lorsque vous éclaircissez *(voir p. 242).*

2 Arrosez régulièrement et arrachez les carottes dès qu'elles ont une taille suffisante.

PISTE ODORANTE

Pour éviter la mouche de la carotte, placez des plantes à odeur forte, comme le basilic, près des carottes, pour brouiller les pistes !

Pot 7 Été

Le basilic camphré est une vivace non rustique au feuillage aromatique teinté de pourpre. Comme le basilic typique, ses feuilles sont ajoutées aux salades.

1 Procurez-vous un plant à installer en pot en début d'été, après les derniers froids. Installez-le au soleil, avec arrosages et apports d'engrais réguliers.

2 Pincez l'extrémité des tiges pour favoriser le buissonnement et cueillez les feuilles et les pousses tout l'été. Rentrez la plante sous abri pour l'hiver.

Pot 8
Printemps

Les betteraves sont arrachées à partir de 8 semaines de culture, alors tendres et sucrées. Cueillez aussi quelques feuilles, à utiliser comme la poirée.

1 Semez en place, puis éclaircissez les plants à 5 à 10 cm de distance. Ajoutez les plants éclaircis dans les salades.

2 Pour des racines tendres, arrosez régulièrement et récoltez dès qu'elles atteignent une taille suffisante.

MINI BETTERAVES

Les betteraves peuvent être arrachées 2 à 3 semaines après le semis pour en consommer les feuilles, les tiges et les jeunes racines.

Pot 8 Été

Les piments existent dans toute une palette de formes, tailles et teintes. Il leur faut une situation chaude et abritée pour fructifier au jardin.

1 Les piments ont une longue saison de végétation. Semez au chaud en début de printemps ou achetez des plants. Installez les plants endurcis en mai ou juin.

2 Arrosez bien et faites des apports hebdomadaires d'engrais pour tomates dès le début de la floraison. Cueillez les fruits encore verts, plus doux, ou à maturité, colorés et forts.

Pot 9
Printemps

Le chou kale est une culture d'hiver *(voir p. 141)*, mais si vous le semez en début de printemps, vous récolterez les feuilles externes jusqu'en début d'été.

1 Semez sous abri en godets en fin d'hiver, puis endurcissez les plants et mettez-les en place dehors au début du printemps.

2 Dès que les plants sont assez développés, prélevez des feuilles externes, laissez les jeunes feuilles centrales.

Pot 9 Été

L'estragon est une aromatique semi-rustique, très parfumée, qui pousse bien en pot. Utilisez les feuilles et les pousses avec le poulet et le poisson, dans les salades.

1 Mieux vaut acheter des plants en fin de printemps et les planter après les derniers froids. Pincez l'extrémité des tiges pour les inciter à se ramifier.

2 Maintenez le terreau humide et faites des apports d'engrais liquide équilibré. Coupez feuilles et pousses selon les besoins. En région froide, rentrez la plante sous abri en hiver.

Les récoltes Printemps

Les semis du début de saison donnent des récoltes généreuses en fin de printemps, souvent durant plusieurs semaines.

Les récoltes
Été

La plupart des cultures estivales offrent durant des semaines des récoltes fraîches et savoureuses, fruit de vos efforts !

Si l’espace le permet, adoptez… **Les massifs surélevés**

Il y a bien des **avantages** à cultiver vos légumes dans un **massif surélevé** *(voir p. 20-23)*. S’il offre des **conditions de culture idéales**, il peut aussi être un **élément très décoratif** du jardin. Choisissez si possible des variétés aux **qualités ornementales**, par leurs **fleurs ou** leurs **feuilles colorées** et leurs **textures variées**. Et plutôt que de planter **en rangs**, pourquoi ne pas essayer des **motifs géométriques** ?

Un jardin sur mesure

Un mur ensoleillé offre aux plantes des conditions chaudes et abritées, idéales pour la croissance. Pourquoi ne pas y adosser un massif surélevé facile à monter ?

Ce qu'il vous faut

- **Équipement**

Planches de bois traité en autoclave, d'au moins 5 cm d'épaisseur
Longues vis à bois
Tasseaux en bois
Bâche en plastique
Terre de jardin et gravier
Gravats (facultatif)

- **Outils**

Perceuse, scie,
mètre ruban, pelle

Différents matériaux peuvent servir à la construction d'un massif surélevé. Le bois est idéal, très durable s'il a été traité en autoclave au préalable.

1 Le massif est constitué d'un cadre en bois sur trois côtés, le mur fermant le cadre. Décidez des dimensions voulues, puis mesurez et coupez les planches à ces dimensions, en vous installant sur une surface stable et plane pour scier.

2 Selon la hauteur souhaitée, assemblez les trois côtés dans les angles pour former le cadre. Percez des avant-trous puis fixez les côtés avec les longues vis. Répétez l'opération s'il y a plusieurs rangs de planches à superposer.

3 Préparez une surface plane et mettez le premier cadre en place contre le mur. Placez le deuxième, éventuellement le troisième, sur le premier. Vérifiez que les niveaux se superposent bien.

4 Une fois les différents niveaux mis en place, coupez des tasseaux à la bonne hauteur, deux par côté, pour assembler les cadres. Percez des avant-trous puis vissez.

5 Coupez la bâche en plastique et un tasseau à la longueur du massif. Vissez le tasseau à la base du mur, à travers la bâche, pour la maintenir en place.

6 Repliez le morceau de bâche vers l'intérieur, de façon à couvrir le mur et le protéger de l'humidité sur la hauteur du massif. Posez d'autres morceaux de bâche pour tapisser tout l'intérieur de la structure et clouez-les en place. La bâche protège le bois de l'humidité, tandis que le mélange garde la fraîcheur.

BONUS ÉVENTUEL

Pour profiter pleinement de la chaleur offerte par le mur ensoleillé, envisagez de poser avant l'installation du massif surélevé des treillages ou des fils métalliques tendus à l'horizontale sur le mur.
Ce support vous permettra de cultiver des plantes grimpantes comme le concombre, amateur de chaleur, voire le melon. Les fils métalliques offrent plus de souplesse que le treillage pour les fruitiers palissés, comme le framboisier ou le kiwi.

7 Si le massif a une profondeur de plus de 90 cm, étalez au fond une couche de drainage (gravats) d'environ 10 cm.

8 Remplissez le massif d'un mélange de terre de jardin, compost et sable grossier *(voir p. 23)*. Arrosez, laissez le mélange se tasser avant de compléter si nécessaire.

Conseils d'entretien

Bois. Même le bois traité en autoclave gagne à recevoir chaque année une couche de produit protecteur, non toxique pour les plantes. Faites-le de préférence en automne, une fois le massif vide.

Un carré de cultures faciles

Ce carré consacré aux cultures faciles à croissance rapide, vous assure des récoltes abondantes et savoureuses du printemps jusqu'à l'hiver.

À la **plantation**, n'oubliez pas que les **fraisiers** sont **vivaces** et demeurent en place. Faites des semis **à croissance rapide** entre les plants de fraisiers. **Renouvelez** les semis dès que **la place se libère** et prévoyez quelques **plants en plus**, en cas d'attaque d'**escargots et** de **limaces**.

Printemps

POUR COMMENCER Plantez les fraisiers, permanents, puis semez en place les cultures de printemps, qui seront prêtes à être récoltées quelques semaines plus tard.

Ce qu'il vous faut

• Équipement

Carré surélevé, d'environ 1 m de côté
Terre de jardin, compost et sable grossier
Tuteurs
Filet plastique à maille fine

• Outils

Bêche
Transplantoir
Arrosoir
Ficelle de jardin

Été

POUR CONTINUER Arrachez les cultures de printemps, plantez les tomates et semez les cultures d'été. Semez poirée et moutarde brune en godets pour une plantation d'automne.

Automne

PROLONGER LA SAISON Laissez les fraisiers en place, mais arrachez les cultures d'été pour les remplacer par la poirée et la moutarde brune semées en godets pendant l'été.

CULTURES – QUAND SEMER OU PLANTER

Pois
Semez en place au début du printemps.

Capucines
Semez à la mi-printemps.

Tomates
Semez au chaud au printemps.

Oignons verts
Semez en petites quantités au début du printemps.

Pousses de pois
Renouvelez de petits semis tout au long de l'été.

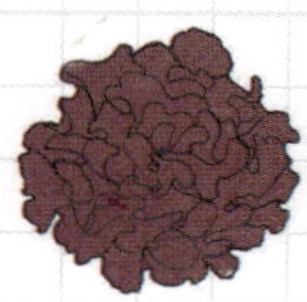

Laitues
Semez au printemps.

Poirées
Semez en été en godets.

Fraisiers
Plantez au début du printemps.

Moutarde brune
Semez en été en godets.

Printemps

C'est le moment de faire les premiers semis et planter les fraisiers. Pour prendre un peu d'avance sur la saison, réchauffez le sol *(voir p. 44-45)*.

1 Commencez par planter les fraisiers, dont la reprise demande un peu de temps. Puis semez les premiers légumes dans le reste du carré.

2 Une fois le sol réchauffé, semez dans des sillons, à la profondeur et à l'espacement conseillés sur le sachet. Arrosez en douceur.

SEMIS SOUS ABRI

Si le temps est froid, semez sous abri, pour mettre les plants en place quelques semaines plus tard (dans une gouttière recyclée par exemple).

3 Supprimez les stolons des fraisiers (ils portent des plantules), pour que les plants concentrent leur énergie sur la fructification.

4 Éclaircissez les plants en croissance, en conservant les plus robustes, à l'espacement conseillé *(voir p. 32-34).*

5 Ne jetez pas les plants éclaircis. La plupart peuvent être ajoutés aux salades comme des jeunes pousses.

Printemps

CULTIVER DES OIGNONS VERTS

Désherbez tout autour en préservant leurs racines superficielles, pour leur éviter toute compétition pour l'eau et les éléments nutritifs. Pour en disposer en permanence, renouvelez des semis en petite quantité du printemps à l'été.

ENTRETIEN

N'OUBLIEZ PAS DE :

- Arroser quand c'est nécessaire.
- Désherber entre les plantes.
- Surveiller les attaques de parasites.
- Cueillir les légumes-fruits à maturité.
- Couper les fleurs fanées des plantes fleuries.
- Renouveler les semis.
- Vérifier que les filets sont en place.

Les pois gourmands sont consommés avec la gousse, dès que les pois commencent à gonfler dans celle-ci. Cueillez les gousses dès qu'elles sont un peu renflées et cuisinez-les le jour même pour une saveur optimale.

LAITUES DE PRINTEMPS Coupez uniquement les feuilles externes en laissant celles du cœur se renouveler. Vous pouvez aussi couper la pomme près de la base et laisser celle-ci en terre pour une petite repousse de feuilles.

Été

Une fois les pois récoltés, arrachez les plantes et installez des plants de tomates. Continuez à couper des feuilles de laitue.

1 Arrachez les oignons verts. Préparez ensuite le sol pour un nouveau semis en éliminant les débris végétaux et en ameublissant la terre de surface.

2 Semez encore un peu d'oignons verts ou une culture à croissance rapide comme les pousses de pois, vite récoltées avant un nouveau semis.

3 Arrosez les plants de tomates, surtout en période sèche. Des arrosages irréguliers peuvent faire éclater les fruits lors de leur formation.

Tuteurez les tomates pour gagner de la place. *(voir p. 171)*.

Semez les poirées en godets, elles remplaceront les laitues.

Coupez les fleurs fanées des capucines pour que se forment de nouveaux boutons.

4 Coupez les pousses de pois juste au-dessus des feuilles inférieures, lorsqu'elles atteignent 15 cm. Une nouvelle récolte en perspective !

Fleurs de capucine, laitue, feuille de chêne et pousses de pois composent une salade colorée.

Récoltez les feuilles de poirée jeunes pour les consommer crues, ou bien développées, pour les cuire.

Lavez-vous les mains après avoir manipulé les tomates, la sève peut irriter la peau. Ou alors portez des gants !

Astuce tomate

Le bon choix Testez des variétés originales ou anciennes de tomates, comme 'Green Zebra' *(ci-dessus)*, peu courantes en magasin.

Mûres En région froide, adoptez les tomates cerises qui mûrissent plus vite que les variétés à gros fruits.

PALISSAGE DES TOMATES

Lorsque la place est comptée, optez pour des tomates à port indéterminé. Elles sont menées à la verticale sur une tige unique tuteurée. Pincez les pousses latérales ou gourmands qui se forment à l'aisselle des feuilles *(à gauche)* et étêtez la tige principale au-dessus du 5e ou 6e bouquet de fleurs. Si vous avez la place, les variétés à port déterminé demandent un léger support, sans taille.

Automne

Après les récoltes d'été, mettez en place les légumes rustiques semés en godets en été, comme la poirée, pour des récoltes jusqu'en hiver.

La terre du massif surélevé est encore chaude en automne et même si les températures baissent, il est encore possible d'y cultiver certains légumes. Tirez parti aussi longtemps que possible de ces conditions favorables pour prolonger les récoltes.

D'autres cultures possibles

Printemps

Carottes

À la place des pois Semez clair en place, au printemps. Arrachez les carottes en début d'été.

Betteraves

À la place des pois Semez en place au début du printemps, puis arrachez les racines en début d'été.

Radis

À la place des oignons verts Semez en place, arrosez bien et récoltez dès qu'ils sont prêts.

Violas

À la place des capucines Installez les plants au printemps et récoltez les fleurs jusqu'en été.

Été

Origan

À la place des pousses de pois Plantez en début d'été et cueillez le feuillage aromatique tout l'été.

Épinards

À la place des laitues Semez en place au milieu du printemps pour une récolte tout l'été.

Basilic

À la place des capucines Installez les jeunes plants en début d'été et récoltez tout l'été.

Maïs

À la place des tomates Plantez en carré en début d'été. Récoltez les épis mûrs en fin d'été.

Automne

Violas à floraison hivernale

À la place de la moutarde brune Plantez en automne et récoltez les fleurs par temps doux.

Chou noir de Toscane

À la place des poirées Semez en godets en début d'été pour une mise en place en fin d'été.

Roquette

À la place de la moutarde brune Semez en place. Récoltez dès que les feuilles sont assez développées.

COMMENT CHOISIR

Les plannings de semis n'ont rien de figé et l'essentiel est de cultiver ce que vous aimez ! Si vous n'êtes pas un adepte des oignons verts, laitues, tomates ou pois, inspirez-vous de ces suggestions.

Un carré pour les gourmets

Lorsque la place est limitée, ayez le réflexe gourmet et cultivez des variétés que vous ne trouvez pas en supermarché.

Recherchez des variétés **originales** ou **anciennes** de **tomates**, **carottes**, **betteraves** pour profiter de **saveurs**, **couleurs** et **textures différentes**. Pourquoi cultiver les **courgettes** qu'on trouve partout ? Essayez plutôt la **courge d'Albenga** aux fruits **remarquables**, associée à **l'oxalis pourpre** à la saveur citronnée.

Ce qu'il vous faut

- **Équipement**

Massif surélevé d'environ 1 m²

Terreau de plantation, terre de jardin et sable grossier

Engrais liquide

3 tuteurs en bambou d'environ 2,50 m de hauteur

Ficelle de jardin

Treillage

Cloche de protection

Du printemps à l'été

PRÊT POUR L'ÉTÉ Après les derniers froids, plantez tomates et courges d'Albenga, en prévoyant les supports. Plantez aussi l'oxalis et semez les autres cultures d'été.

De l'automne au printemps

JUSQU'EN HIVER Le massif reste productif grâce aux chicorées frisées semées en automne, aux cultures d'ail et de fèves qui seront récoltées au printemps suivant.

CULTURES – QUAND SEMER OU PLANTER

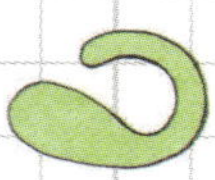

Courge d'Albenga
Semez à la mi-printemps.

Tomate 'Black Cherry'
Semez à la mi-printemps.

Betterave 'Boltardy'
Semez à la mi-printemps.

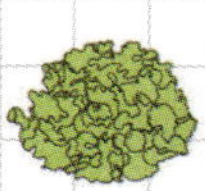

Chicorée frisée 'Wallonne Despa'
Semez/plantez à la fin de l'été.

Tomate 'Snowberry'
Semez à la mi-printemps.

Souci
Semez à la mi-printemps, repiquez en fin de printemps.

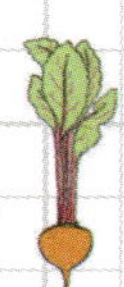

Betterave 'Burpee's Golden'
Semez à la mi-printemps.

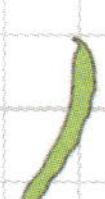

Fève 'D'Agualduce'
Semez à la fin de l'automne.

Tomate 'Yellow Pearshaped'
Semez à la mi-printemps.

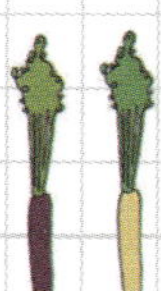

Carotte 'Arlequin'
Semez à la mi-printemps.

Oxalis pourpre
(Oxalis triangularis)
Plantez à la fin du printemps.

Ail
Plantez à la fin de l'automne ou en fin d'hiver.

Printemps

Tomates et courgettes peuvent être semées au printemps ou achetées en plants. Endurcissez les plants avant de les mettre en place.

1 Tomates et courges d'été sont des légumes voraces, aussi incorporez du compost dans le massif surélevé.

2 Préparez, pour la courge, un trou plus profond et plus large que la motte. Vigoureuse, elle prend de la place, aussi n'en plantez qu'une.

3 Mettez le plant en place, le collet juste au-dessus de la surface du sol pour en éviter la pourriture. Tassez et arrosez bien.

4 Plantez les tomates et attachez la tige au pied des tuteurs avec un lien en ficelle. Arrosez copieusement et continuez à fixer la tige.

5 Endurcissez les plants d'oxalis et de soucis, puis plantez-les après les derniers froids. Supprimez les feuilles sèches ou jaunies.

6 Semez les carottes et les betteraves en sillons, couvrez légèrement et arrosez en pluie fine. Éclaircissez *(voir p. 224-241).*

Été

En début d'été, le carré regorge de légumes, vous récompensant de vos efforts. Récoltez ce qui peut l'être, arrosez et donnez de l'engrais.

1 La courge a une croissance rapide et s'accroche au support. Veillez à ce qu'elle reste dans l'espace imparti et redirigez les tiges qui s'échappent.

2 Éclaircissez betteraves et carottes pour un bon développement des racines. Consommez crues les jeunes carottes et les feuilles de betteraves.

3 Dès que commence la floraison des tomates, faites des apports hebdomadaires d'engrais pour tomates. Arrosez pour garder la terre humide.

4 Cueillez les courges dès qu'elles atteignent 30 à 40 cm de long. Pour changer, coupez-les en lamelles avec une mandoline et faites-les cuire comme des tagliatelles.

5 Coupez les feuilles d'oxalis pour les ajouter en petite quantité aux salades d'été. Elles ont en effet une forte saveur citronnée et sont riches en acide oxalique comme l'oseille et l'épinard.

ROUGES ?

Les tomates se déclinent dans toute une palette de teintes et de formes, de rouge sombre à jaune crème ou vert, sphériques ou piriformes… Toutes demandent les mêmes soins, aussi testez des variétés peu courantes !

DÉSHERBER

En plantant serré dans le carré, vous laissez peu de place aux mauvaises herbes. Elles peuvent cependant se manifester et puiser eau et éléments nutritifs dans le sol. Surveillez régulièrement et arrachez celles que vous repérez.

6 Le mélange terreux du massif surélevé, dépourvu de cailloux, est idéal pour la croissance de belles carottes de forme régulière. Pour des racines croquantes et colorées, adoptez 'Arlequin' *(à droite)*, ou en variété unicolore 'Goldfinger', 'Cosmoic Purple' ou 'Atomic Red'.

Été

À partir de la mi-été, vous devriez récolter chaque jour de quoi vous régaler : betteraves et carottes, tomates mûries au soleil…

1 Arrachez les betteraves lorsque le haut de la racine émerge du sol. Vous pouvez aussi manger les jeunes feuilles crues, les autres cuites.

2 Arrachez délicatement les carottes pour ne pas bousculer les plantes voisines. Un arrosage préalable facilite l'arrachage.

3 Pour une meilleure récolte, cueillez les tomates dès qu'elles sont bien mûres, et qu'elles se détachent facilement du pédoncule.

De l'automne au printemps

Nettoyez le carré en automne et incorporez du compost pour les cultures à venir jusqu'à l'été prochain.

Semez les fèves à partir de la mi-automne pour une récolte de printemps. L'ail planté en fin d'automne en sol léger se récolte en été, tandis que les chicorées frisées offrent leur verdure tout l'hiver. Par temps très froid, protégez les plantes par des châssis mobiles.

D'autres cultures possibles

Du printemps à l'été

Bleuets
À la place des soucis Semez au printemps et ajoutez les fleurs comestibles aux salades.

Poivrons
À la place des tomates Ils apprécient des conditions similaires et se plantent en mai ou juin.

Choux-raves
À la place des carottes Semez-les en place à partir de la mi-printemps en petites quantités.

Épinards
À la place des chicorées Semez en terrine durant l'été et repiquez les plants en début d'automne.

Haricots verts ou d'Espagne
À la place des courges Semez des haricots à rames en début d'été pour habiller le support.

Fraisiers
À la place de l'oxalis Installez des jeunes plants remontants au printemps pour récolter en été.

Aromatiques d'été
À la place de l'oxalis Plantez thym et origan au printemps, pour une récolte tout au long de l'été.

Fenouil bulbeux
À la place des carottes Semez en place en début d'été, gardez le sol humide et récoltez en fin d'été.

De l'hiver au printemps

Chicorées rouges
À la place des chicorées frisées Semez-les en godets en été, pour une plantation quand il y a la place.

Chou noir de Toscane
À la place des fèves Semez en godets en été. Tuteurez les plantes et récoltez tout l'hiver.

Poirée
À la place des chicorées frisées Semez en godets en fin d'été, plantez en début d'automne.

Brocolis
À la place des fèves Semez-les en été, puis repiquez pour une récolte jusqu'au printemps.

Une ronde de salades

Un carré surélevé vous offre l'opportunité de plantations aussi décoratives que productives ! Disposez les plantes en cercles concentriques, salades à couper et fleurs comestibles, avec des tomates cerises dans les angles. Installez le carré en situation ensoleillée et récoltez selon les besoins en cuisine.

Là où l'**espace** est **limité**, il est toujours possible de trouver un **compromis** entre les **fleurs** et les **cultures potagères**. L'intérêt de ce type de **réalisation** est **l'accord harmonieux** entre **couleurs et saveurs** des **fleurs** comestibles, **feuilles** et des **légumes-fruits**.

Essayez les tomates 'Gardener's Delight' ou 'Terenzo' aux petits fruits retombants, parfaites en bordure du carré.

Ce qu'il vous faut

- **Équipement**

Massif surélevé d'environ 1 m²

Terreau de plantation, terre de jardin et sable grossier

Engrais liquide

Cloches, châssis mobiles ou voile de protection pour l'hiver

Du printemps à l'été

LES SALADES CRAQUANTES sont le principal atout du carré en été, semé et planté à partir de la mi-printemps pour des récoltes continues de feuilles et de tomates cerises.

De l'automne à l'hiver

LE CHOU FRISÉ et les feuilles de moutarde piquantes, semés en été et plantés en automne, assurent une présence colorée ainsi que des salades et des légumes à récolter en hiver.

CULTURES – QUAND SEMER OU PLANTER

Tomate 'Terenzo'
Plantez à la fin du printemps.

Romaine 'Blonde lente à monter'
Semez à la mi-printemps.

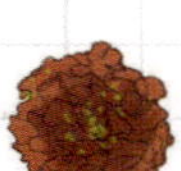

Laitue 'Redcross'
Semez à la mi-printemps.

Violas
Plantez au début du printemps.

Ciboulette
Plantez au début du printemps.

Moutarde brune 'Metis rouge
Semez en été.

Ail blanc 'Messidor'
Plantez en automne.

Chou frisé 'Redbor' et 'Winterbor'
Semez à la mi-été.

Mibuna
Semez en été.

Été

Le travail commence à la fin du printemps pour les cultures d'été : préparation du sol pour les semis en place et plantations après les derniers froids.

1 Dans un carré existant, ameublissez le sol, désherbez et complétez le niveau. Pour un nouveau carré, remplissez du mélange idéal *(voir p. 23)*.

2 Ratissez pour émietter finement la terre de surface avant de semer. Tracez les sillons en cercle à l'aide d'une ficelle tendue entre un piquet central et un plantoir.

3 Consultez les sachets de graines pour connaître profondeur et distance de semis, puis marquez les cercles à l'aide de sable grossier.

4 Installez 1 plant de ciboulette au centre du carré, des plants de tomate cerise dans les angles, tassez et arrosez bien les jeunes plants.

5 Semez clair les laitues dans les sillons en suivant le sable. Couvrez légèrement de terre et arrosez avec un arrosoir à pomme fine.

ENTRETIEN

N'OUBLIEZ PAS DE :

- Respecter le tracé des cercles lors du semis.
- Protéger les jeunes plants des limaces, escargots et oiseaux.
- Surveiller les besoins en arrosage, même par temps humide.
- Désherber régulièrement.
- Récolter les jeunes feuilles de salade.
- Donner de l'engrais liquide aux tomates dès le début de la floraison.

6 Plantez les violas régulièrement espacées sur le cercle le plus large, tassez autour du pied puis arrosez copieusement les plants.

8 Supprimez les fleurs fanées pour stimuler le renouvellement de ces fleurs comestibles et non la formation de graines.

9 Coupez la ciboulette selon vos besoins. Pour rafraîchir la touffe, coupez toutes les feuilles presque à ras à la mi-été, elles repousseront rapidement. Rustique, la plante peut être divisée au printemps et replantée en situation ensoleillée.

7 Lorsque les laitues se développent, éclaircissez pour que les pieds conservés disposent de l'espace nécessaire. Ajoutez les plants éclaircis aux salades.

COMMENT POUSSENT LES LAITUES

Plutôt que de couper en une seule fois la pomme des romaines ou des laitues, laissez-la en place et récoltez feuille à feuille sur l'extérieur de la pomme. Autre option, coupez la pomme près de la base en laissant une souche courte qui repoussera. Parmi les variétés colorées de laitues, 'Merveille des quatre saisons', rouge-brun.

Hiver

Lorsque les plantes sèchent en fin d'été dans le carré, arrachez-les et mettez, sur le compost, les déchets végétaux, puis préparez le sol pour les cultures d'hiver.

Pour occuper le carré en hiver et y faire des récoltes, semez chou frisé et moutardes asiatiques en godets en été, à planter dès que les cultures d'été sont enlevées. Plantez les gousses d'ail en automne. En période froide, posez un voile de protection sur les légumes-feuilles.

D'autres cultures possibles

Été

Basilic camphré
À la place de la ciboulette Installez un plant acheté en godet après les derniers froids. Récoltez tout l'été.

Coriandre
À la place de la ciboulette Semez en place au début de l'été. Gardez le sol frais et coupez les feuilles tout l'été.

Hysope
À la place des violas Installez de jeunes plants au printemps et cueillez les feuilles et les fleurs aromatiques en été.

Fraisiers
À la place des tomates Plantez au printemps des fraisiers remontants et non remontants pour prolonger la récolte.

Épinards
À la place des laitues d'été Semez en place au printemps, gardez le sol frais et récoltez en été et en automne.

Hiver

Poirée
À la place du chou frisé Semez en godets en été pour une mise en place en automne et une récolte des feuilles en hiver.

Brocoli
À la place du chou frisé Semez en godets en été, plantez et tuteurez en automne, puis récoltez entre hiver et printemps.

Chicorée pain-de-sucre
À la place des feuilles de moutarde Semez en godets en été, puis mettez les plants en place une fois le carré vide.

Dans les carrés surélevés cultivez tout… **Ce que vous aimez !**

L'un des grands **plaisirs** du potager est d'y cultiver vos **légumes préférés**. Les **laitues** sont si faciles, mais **pourquoi les cultiver** si vous ne les appréciez **guère** ? Cultiver vos légumes est aussi l'occasion d'**essayer des variétés** que vous ne trouvez **pas dans les magasins**. Si vous aimez les **salades originales**, essayez-les **toutes**, des moutardes asiatiques à la roquette et à la mâche. **Si vous les aimez, cultivez-les** !

Un carré ensoleillé

Ce carré regorge de couleurs et de saveurs méditerranéennes. Pour de belles récoltes, installez-le en situation chaude, abritée et très ensoleillée. Patientez pour semer et planter jusqu'à ce que le sol et l'air soient bien réchauffés, entre avril et mai selon les régions.

Profitez des **atouts santé** et des bonnes **saveurs** du **régime méditerranéen** en cultivant **piments et poivrons** colorés, **fenouil** croquant et **aubergines** fermes. Recherchez des variétés hâtives, **adaptées à votre région** et surveillez les plantes en cas de périodes estivales **humides et fraîches**.

Les variétés de piments offrent tailles et teintes variées, mais soyez attentifs à leur force, douce à brûlante selon les cas !

Ce qu'il vous faut

- **Équipement**

Massif surélevé d'environ 1 m²
Terreau de plantation, terre de jardin et sable grossier
Arrosoir
Engrais liquide
Tuteurs en bambou
Ficelle de jardin
Voile ou cloche de protection

Été

INSTALLEZ LE MASSIF D'ÉTÉ en avril ou mai avec les plants de poivrons, piments et aubergines, ceux de fenouil semés au chaud en fin d'hiver et repiqués dans le carré.

Hiver

POUR LES CULTURES D'HIVER, nettoyez le carré en début d'automne, puis semez chicorée italienne et laitue d'hiver. Plantez chou frisé, chicorée et brocoli semés en godets en été.

CULTURES – QUAND SEMER OU PLANTER

Poivron
Installez les plants en avril-mai.

Piment
Installez les plants en avril-mai.

Piment
Installez les plants en avril-mai.

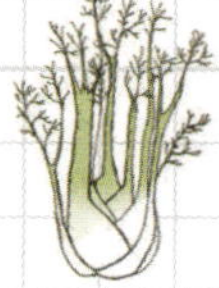

Fenouil bulbeux
Semez au chaud au début du printemps.

Poivron
Installez les plants en avril-mai.

Aubergine
Installez les plants en avril-mai.

Chicorée
Semez en godets à la mi-été.

Chou kale
Semez en godets à la mi-été.

Chicorée italienne (radicchio)
Semez en automne.

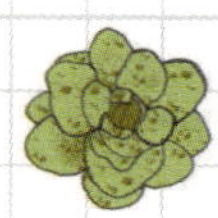

Laitue 'Merveille des Quatre Saisons'
Semez en place en automne.

Brocoli
Semez en godets à la mi-été.

Été

LES PIMENTS ONT PEUR DU FROID

Piments et poivrons redoutent les sols froids et humides. Veillez à ce que le sol soit bien réchauffé. Il faut les endurcir avant la plantation et en couvrant l'emplacement de châssis ou de cloches pendant une semaine ou deux avant la mise en place des plants.

NE PAS DÉRANGER

Les racines des aubergines n'aiment pas être bousculées. Semez en godets individuels au printemps ou achetez des plants. Avant la mise en place au jardin, endurcissez les plants pendant 10 à 15 jours, veillez à ce que le sol soit bien réchauffé et plantez toute la motte en insérant un tuteur dans le trou de plantation.

Climat océanique frais Ce carré convient aux régions aux étés chauds. En cas d'été frais et humide, les récoltes d'aubergines, piments et poivrons seront décevantes. Dans ces régions, optez pour des aromatiques méditerranéennes comme le basilic et le romarin et des légumes-feuilles à croissance rapide comme la roquette.

Été

En fin de printemps, semez le fenouil bulbeux en godets pour le planter quelques semaines après. Un peu plus tard, semez directement en place.

1 Semez 3 graines par godet sous abri au printemps, puis ne conservez que le plus beau plant. En début d'été, semez en place.

2 Plantez après les derniers froids, sans bousculer les racines, car les plants risquent de monter à graines.

CERTAINS L'AIMENT CHAUD (ET SEC)

Les piments craignent l'humidité, aussi arrosez-les peu, en laissant sécher la surface du sol entre les arrosages. La plupart virent du vert au rouge à maturité, devenant aussi plus forts. Vous pouvez les cueillir verts, lorsqu'ils ont terminé leur croissance, pour une saveur plus douce. La cueillette de fruits avant maturité stimule aussi la production de nouvelles fleurs et fruits.

Lorsque le pied d'aubergine atteint 25 cm de hauteur, pincez l'extrémité de la tige pour favoriser la ramification. Lorsque la plante commence à fleurir, faites des apports hebdomadaires d'engrais pour tomates.

Certaines variétés de poivron, de grande taille, demandent un tuteurage. Dès le début de floraison, faites des apports hebdomadaires d'engrais pour tomates. Cueillez les fruits dès leur maturité.

BICHONNEZ LE FENOUIL

Le fenouil demande des soins attentifs de la part du jardinier, aussi arrosez régulièrement et paillez pour retenir la fraîcheur. Coupez quelques feuilles pour parfumer salades ou plats cuisinés, mais laissez les autres pour accompagner la croissance du bulbe. Pour la récolte, arrachez le bulbe avec les racines ou bien coupez à la base du bulbe, juste sous la surface du sol. Les racines restant dans le sol produiront encore quelques feuilles au goût anisé.

Hiver

Dès que les derniers poivrons sont cueillis, mettez en place chou kale, brocoli, chicorée et laitue pour des récoltes de l'automne au printemps.

Nettoyez le carré en début d'automne et incorporez du compost. Bien organisé, vous aurez semé les cultures d'hiver en godets à la mi-été. Semez encore quelques salades en place en automne. Protégez les plantes sous cloches ou châssis par temps froid.

D'autres cultures possibles

Été

Haricots d'Espagne
À la place des poivrons Semez en place les haricots au printemps et palissez-les sur des tuteurs.

Tomates
À la place des aubergines Plantez des tomates à port indéterminé en mai et tuteurez-les.

Courge d'été
À la place des poivrons Palissez la plante sur un treillage pour utiliser au mieux l'espace.

Maïs
À la place des aubergines Semez en place en mai ou installez des plants en godets.

Melon à confire
À la place du fenouil Semé au printemps, ce légume grimpant habille un tripode ou un treillage.

Basilic
À la place des piments Semez au chaud, plantez en mai. Pincez les tiges : elles se ramifieront.

Haricot nain
À la place des piments Ils atteignent environ 45 cm de haut et ne demandent aucun support.

AUTRES IDÉES

Si l'aubergine et le fenouil ne vous tentent pas, vous trouverez ici une sélection d'autres cultures appréciant des conditions similaires, chaudes et ensoleillée en été, ou pour l'hiver. Consultez le *Répertoire des plantes (p. 224 à 241)* pour d'autres possibilités.

Hiver

Poirée
À la place du chou kale Semez les poirées en godets en été pour profiter de feuilles à cardes colorées.

Mâche
À la place des chicorées italiennes Semez en été et repiquez en automne, ou semez en place.

Moutarde brune
À la place des laitues Repiquez entre les brocolis des variétés rouge et verte de moutarde asiatique.

Kale rouge de Russie
À la place des brocolis Semez les choux kale pourpre et rouge en godets en été pour un hiver très coloré.

Un carré à l'ombre

Les petits jardins, en zone urbaine surtout, ne sont pas souvent ensoleillés. Ce carré, consacré aux légumes-feuilles, convient aux zones ombragées et fraîches.

Recherchez des **effets** décoratifs à **l'ombre** en soignant la **disposition** des plantes **choisies** pour **leur saveur**. La **laitue** tachetée 'Forellenschluss' ou la **feuille de chêne** rouge 'Navara' sont les **vedettes** de l'été. En **automne** ce sont les **moutardes** asiatiques et le **pak-choï** qui assurent le **spectacle**.

Ce qu'il vous faut

- **Équipement**

Massif surélevé d'environ 1 m²
Terreau de plantation, terre de jardin et sable grossier
Ficelle de jardin
Petits tuteurs en bambou
Arrosoir
Voile ou cloches de protection pour l'hiver

Printemps

UN BON DÉPART Après les derniers froids, installez les plants de persil, de violas et d'oseille au centre. Semez en place radis et laitues à récolter en début d'été.

Fin d'été

RENOUVELLEMENT Tant que le sol est encore chaud en fin d'été, nettoyez le carré et semez les cultures d'automne et d'hiver, comme le pak-choï et les moutardes asiatiques.

CULTURES – QUAND SEMER OU PLANTER

Oseille
Installez des jeunes plants ou semez à la mi-printemps.

Violas
Installez des jeunes plants ou semez en début de printemps.

Persil
Installez des jeunes plants ou semez en début de printemps.

Radis
Renouvelez les semis du printemps à la fin d'été.

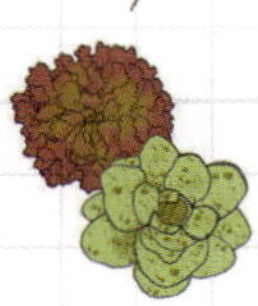

Laitues
Renouvelez les semis du printemps à la mi-été.

Pak choï
Semez en place en fin d'été.

Moutarde Mizuna
Semez entre milieu et fin d'été.

Moutarde brune
Semez en place en fin d'été.

Printemps

Délimitez les différentes parties du carré et plantez les herbes avant de semer. Les plantules lèvent en quelques jours et les radis sont arrachés un mois après.

1 Semez en rangs bien tracés, ce qui facilite l'identification et l'arrachage des mauvaises herbes qui concurrencent les jeunes plants.

2 Lorsque les plantules ont au moins deux vraies feuilles, éclaircissez soigneusement de façon à obtenir l'espacement voulu entre les plants conservés.

3 Les radis lèvent en quelques jours. Éclaircissez dès que les plantules apparaissent, à 5 cm de distance pour une bonne croissance des racines.

4 N'éliminez pas les plants éclaircis, mais ajoutez leurs feuilles tendres à celles de jeunes feuilles de radis et d'oseille, délicieuses en salade.

5 Apportez une touche colorée dans les salades grâce aux fleurs de violas, dans toute une palette de jaune pâle au violet. Cueillez-les souvent.

6 Arrachez les petits radis dès que la racine est visible hors du sol. Si vous les laissez grossir, les racines deviennent plus dures et fibreuses.

RÉCOLTEZ LES LAITUES, soit en coupant les feuilles externes de la pomme, soit en coupant la pomme à la base. Si vous laissez la base en place, vous pourrez encore couper des feuilles dans l'été.

Printemps

Pour récolter en permanence des salades, semez dès qu'une place se libère.

1 Les radis poussent vite et prennent peu de place. Après chaque récolte, nivelez, ratissez puis semez à nouveau.

2 Renouvelez aussi les semis de laitue, en arrosant régulièrement pour éviter la montée à graines.

Été

Dès que les dernières laitues et radis ont été récoltés, n'attendez pas, semez de nouveaux légumes-feuilles à couper jusqu'en automne.

1 Incorporez un peu de compost dans le carré, ratissez pour émietter la surface du sol avant de semer chicorée pain de sucre, moutarde et pak-choï.

2 Lorsque les plants ont 2-3 vraies feuilles, éclaircissez à 15-30 cm de distance. Ajoutez les plants éclaircis dans les salades.

3 Les feuilles de pak-choï sont prêtes à récolter un mois plus tard ; comptez deux mois pour obtenir un pied bien développé, à cuire.

D'autres cultures possibles

Été

Cerfeuil musqué
À la place de l'oseille Installez au printemps un plant de cette aromatique à saveur anisée.

Tatsoï
À la place des laitues Semez en place en début de printemps ce légume-feuille asiatique.

Épinards
À la place des laitues Semez à partir du printemps et ajoutez les jeunes feuilles aux salades.

Moutardes asiatiques
À la place des laitues Cultivez un mélange de moutardes et légumes-feuilles asiatiques.

Laitue 'Maravilla de Verano' ou 'Rouge grenobloise'
À la place de 'Forellenschuss' Essayez ces variétés aux feuilles ourlées de rouge.

Poirée
À la place des laitues Semez au printemps pour une récolte de feuilles aux cardes colorées.

Cerfeuil
À la place du persil Une petite aromatique au fin feuillage anisé, à semer au printemps et en été.

FRAÎCHEUR BIENVENUE

Choisissez pour le carré à l'ombre des variétés robustes et rustiques, surtout pour les cultures d'automne. Un coin frais en été peut devenir en hiver une poche d'air froid. Utilisez des protections temporaires pour abriter les plantes.

Automne

Mâche
À la place des chicorées
Semez en place en fin d'été pour récolter tout au long de l'hiver.

Roquette
À la place des moutardes
Semez en place entre le milieu et la fin de l'été et récoltez régulièrement.

Claytone de Cuba
À la place des chicorées
Semez en place en été cette petite salade dont on mange fleurs et feuilles.

Chou kale
À la place des pak-choï Semez en place à la mi-été une variété de chou kale, verte ou colorée.

Plus de saveurs grâce aux… **Herbes fraîches !**

Au lieu d'y cultiver **légumes** et petits **fruits**, pourquoi ne pas consacrer un **carré** surélevé aux plantes **aromatiques** ? Choisissez vos **annuelles** ou **vivaces** préférées, comme le **basilic** et la **ciboulette**, ajoutez-y des **persistantes** comme la **sauge**, à cueillir **toute l'année**. Les plus **courantes** sont proposées **fraîches** dans les supermarchés, aussi cultivez-en de **moins communes** comme le **cerfeuil** musqué.

RHU

Un carré de bonnes herbes

Installez le carré près de la cuisine pour faciliter les cueillettes. Les aromatiques sont indispensables pour une cuisine savoureuse et saine, celles cueillies au jardin sont incomparables avec celles achetées !

Nombre de ces herbes sont **vivaces**, **repoussant** chaque année, d'où un **entretien facile**. Plantez aussi des persistantes comme **sauge** et **thym**, des originales comme du **céleri** vivace, du **fenouil** et du **cerfeuil** musqué, rares en magasin. Les **fleurs** comestibles, comme la **bourrache**, se **ressèment** d'une année sur l'autre.

Les épis de thym odorant et les fleurs de bourrache attirent abeilles et précieux pollinisateurs au jardin.

Ce qu'il vous faut

• Équipement
Massif surélevé d'environ 1 m²
Terreau de plantation, terre de jardin et sable grossier
Tuteurs pour les grandes plantes

• Outils
Arrosoir
Transplantoir

Été

PLANTATIONS Installez des plants d'aromatiques, basilic et fenouil, au printemps, quand le sol est réchauffé après les derniers froids. Semez les pavots autour du carré.

Hiver

DES HERBES POUR L'HIVER Remplacez bourrache, coriandre et pavots, lorsqu'ils montent à graines, par des semis de moutarde et roquette. Plantez l'ail en automne.

AROMATIQUES – QUAND SEMER OU PLANTER

Romarin
Arbuste à planter à la mi-printemps.

Fenouil bronze
Vivace, à planter à la mi-printemps.

Thym
Arbuste, à planter à la mi-printemps.

Livèche
Grande vivace, à planter à la mi-printemps.

Bourrache
Annuelle, à semer en place au printemps.

Coriandre
Annuelle, à semer à la mi-printemps.

Cerfeuil musqué
Vivace, à planter à la mi-printemps.

Sauge pourpre
Arbuste, à planter à la mi-printemps.

Basilic pourpre
Annuelle, à planter en fin de printemps.

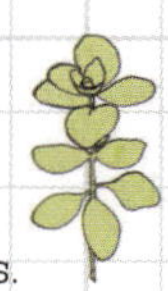

Origan
Vivace, à planter à la mi-printemps.

Pavot de Californie
Annuelle, à semer à la mi-printemps.

Ail
Plantez en automne ou en fin d'hiver.

Moutarde brune
Annuelle, à semer en fin d'été.

Roquette
Annuelle, à semer en fin d'été.

Été

Procurez-vous auprès d'un producteur fiable des jeunes plantes d'aromatiques à mettre en place au printemps dans ce carré.

1 Les espèces méditerranéennes comme le thym, la sauge ou le romarin demandent le plein soleil pour prospérer. Sortez-les délicatement de leur pot.

2 Ces aromatiques redoutent l'excès d'humidité au niveau du collet, aussi ne les plantez pas plus profondément que dans le pot d'origine.

3 Démêlez légèrement la motte de racines des plants achetés en conteneur pour favoriser la reprise et l'enracinement dans le carré.

4 Le basilic pourpre a une croissance plus lente que le vert. Assurez-vous qu'il ne risque pas d'être étouffé par les plantes voisines.

5 Laissez le fenouil fleurir en fin d'été en belles ombelles jaunes attirant les abeilles et donnant ensuite des graines à saveur anisée.

ENTRETIEN

N'OUBLIEZ PAS DE :

- Arroser dès que c'est nécessaire.
- Surveiller escargots et limaces.
- Pincer les tiges pour retarder la floraison.
- Supprimer les feuilles fanées.
- Couper en fin d'été de petits bouquets d'herbes à sécher ou congeler pour l'hiver.
- Protéger les jeunes pousses des oiseaux sous un filet si besoin est.

1 Éliminez les mauvaises herbes qui feraient de la concurrence aux bonnes.

2 Les jeunes feuilles de bourrache apportent une saveur de concombre dans les salades et les fleurs congelées dans des glaçons décorent les boissons. Si les pieds sont trop nombreux, incorporez-les au sol comme engrais vert.

INDISPENSABLE ORIGAN

L'origan doré, *Origanum vulgare* 'Aureum', est une vivace aromatique très décorative par son jeune feuillage doré au printemps, jaune-vert et ses fleurs roses légères qui attirent les abeilles.
La saveur légèrement piquante de l'origan parfume les pizzas, les sauces pour les pâtes, les plats de légumes.

Semez des aromatiques

Premier geste Semez en terrine, au chaud, en début de printemps, dans un terreau bien drainé. Gardez le terreau humide.

Repiquage Dès qu'ils sont assez grands pour être manipulés, repiquez les plants en godets individuels, toujours sous abri.

Pincement Pincez l'extrémité des tiges pour favoriser le buissonnement, puis endurcissez les plants avant de les planter.

Hiver

Fenouil, hysope et cerfeuil musqué disparaissent en hiver pour repousser au printemps ; sauge et romarin sont cueillis tout l'hiver.

À la fin de l'été, comblez les trous laissés par les annuelles dans le carré en semant de la roquette et de la moutarde pour des cueillettes d'automne. En automne ou en fin d'hiver selon les régions, plantez l'ail pour une récolte savoureuse l'été suivant.

D'autres suggestions d'aromatiques

Été

Violas
À la place des pavots de Californie Plantez les violas et cristallisez les fleurs au sucre.

Épinard en arbre *(Chenopodium giganteum)*
À la place de la livèche Une imposante annuelle (1,80 m).

Aneth
À la place du fenouil Semez au printemps pour récolter feuilles et graines au goût anisé.

Menthe
À la place du cerfeuil musqué Enterrez un pot de menthe dans le carré.

Angélique
À la place de la livèche Une vivace imposante dont les tiges sont souvent utilisées confites.

Petite pimprenelle
À la place de l'origan Semez au printemps cette vivace à saveur de concombre.

Hysope
À la place du romarin Plantez à la mi-printemps cette vivace à feuillage aromatique.

Persil
À la place de la coriandre Semez ou plantez au printemps cette bisannuelle indispensable.

Hiver

Poirée
À la place de la roquette Semez en fin d'été et récoltez jusqu'en hiver les feuilles à cardes épaisses.

Chou kale
À la place de la moutarde brune Semés en fin d'été, les choux frisés offrent couleurs et textures, en hiver.

Tatsoï
À la place de l'ail À planter en fin d'été pour une récolte des feuilles entre automne et hiver.

CULTIVEZ VOS HERBES PRÉFÉRÉES

Choisissez bien. La palette des plantes aromatiques est vaste, avec des saveurs et des usages culinaires très variés, mais celles qui vous seront le plus utiles sont celles que vous ajoutez régulièrement dans vos plats cuisinés ! La plupart sont de culture facile.

RÉPERTOIRE DES PLANTES

Répertoire des plantes

Utilisez ce répertoire des plantes, classées par grandes catégories de fruits, légumes et fleurs, puis par époques de semis et de plantation pour tirer le meilleur parti de votre terrain. Vous rentabiliserez ainsi chaque cm^2 de votre potager en y faisant se succéder plusieurs cultures.

Pictogrammes

SOLEIL OU MI-OMBRE Les fruits et les légumes ne peuvent pas pousser à l'ombre. Il leur faut un minimum de soleil.

DURÉE DE CULTURE Cette information vous permet de planifier l'ordre dans lequel vous allez cultiver vos légumes.

ÉPOQUE DE SEMIS À L'INTÉRIEUR Concerne les semis en pots et caissettes, à garder sous abri jusqu'à la plantation.

ÉPOQUE DE SEMIS À L'EXTÉRIEUR Concerne les semis à effectuer directement en place, à l'extérieur.

ÉPOQUE DE PLANTATION Indique la période propice à la plantation ou au repiquage des jeunes plantes.

ÉPOQUE DE RÉCOLTE Indique pour chaque culture la période de l'année où elle est prête à être récoltée.

DISTANCE DE PLANTATION Espace à laisser entre deux plants.

INTÉRÊT Ce critère juge l'intérêt d'une culture en fonction du temps et de la place qu'elle demande. (3 étoiles =maximum d'intérêt).

POIVRON

- Soleil
- 20-26 semaines
- Fin d'hiver à mi-printemps
- Fin de printemps à début d'été
- Début d'été à mi-été
- Mi-été à début d'automne
- 35-45 cm
- ★★

Variétés

'Corno di Toro Rosso' Fruit rouge long et effilé.
'Gourmet' Précoce ; fruit orange trapu.
'Gypsy' Très productive ; fruit fin, rouge.

Culture Tuteurez les pieds après la plantation. Faites un apport hebdomadaire d'engrais pour tomates après l'apparition des premières fleurs. Vous aurez plus de poivrons si vous les récoltez verts, mais ils seront plus sucrés si vous les laissez mûrir.

PIMENT

- Soleil
- 20-26 semaines
- Fin d'hiver à mi-printemps
- Fin de printemps à début d'été
- Fin de printemps à début d'été
- Mi-été à début d'automne
- 35-45 cm
- ★★★

Variétés

'Apache' Variété naine ; fruit rouge, petit (moyen-fort).
'Hungarian Hot Wax' Fruit rouge (moyen) ; pour climat frais.
'Prairie Fire' Fruit jaune à rouge (fort) ; variété très productive.

Culture Traitez le piment comme le poivron *(ci-dessus)*. Les variétés naines peuvent être cultivées dans des petits pots – jusqu'à 15 cm de diamètre –, sur un rebord de fenêtre ensoleillé. Les fruits sont moins forts s'ils sont récoltés immatures et encore verts.

TOMATE

Soleil
9-12 semaines
Début de printemps
Mi-printemps à début d'été
Mi-printemps à début d'été
Mi-été à début d'automne
30-90 cm
★★★

Variétés
'Sungold' Tomate cerise orange, sucrée.
'Gardener's Delight' Tomate cerise rouge, vigoureuse.
'Green Zebra' Fruit rayé de jaune et de vert.

Culture Plantez les jeunes pieds le plus profondément possible. Tuteurez les variétés à port indéterminé et supprimez les ramifications. Quand le pied a produit 5 ou 6 bouquets de fruits, étêtez la tige principale. Les variétés à port déterminé ne nécessitent pas de taille et le tuteurage n'est pas indispensable. Arrosez régulièrement pour éviter que les fruits éclatent et faites un apport hebdomadaire d'engrais pour tomates après l'apparition des premières fleurs.

AUBERGINE

Soleil
24-28 semaines
Début de printemps à mi-printemps
Fin de printemps à début d'été
Fin de printemps
Fin d'été à mi-automne
60-75 cm
★

Variétés
'Bonica' Variété précoce aux fruits noir pourpré.
'Ophelia' Idéale pour la culture en pot ; fruits ovales, petits.
'Thai Green Pea' Nombreux petits fruits ronds et verts.

Culture L'aubergine se cultive sous abri en climat frais. Ailleurs, choisissez un emplacement ensoleillé et abrité, avec un sol riche et bien drainé. Semez les graines en godets individuels. Repiquez les jeunes plants quand les premières fleurs apparaissent. Endurcissez ceux qui sont destinés à l'extérieur. Tuteurez et pincez les tiges pour favoriser la ramification. Arrosez et fertilisez copieusement. Étêtez la tige principale quand le pied porte 4 à 6 fruits.

COURGETTE

Soleil
8-12 semaines
Printemps
Fin de printemps à début d'été
Fin de printemps à début d'été
Mi-été à mi-automne
90 cm
★★

Variétés
'Atena Polka' Nombreux fruits jaune vif.
'Zucchini' Variété précoce ; fruits verts.
'Géode' Fruits rond vert clair.

Culture Endurcissez les jeunes plants avant de les mettre en place après les dernières gelées. Protégez-les contre les limaces et les escargots. Espacez bien les pieds. Bien que volumineuse, la courgette peut être cultivée dans un grand pot. Arrosez copieusement, au pied, et fertilisez régulièrement avec un engrais pour tomates une fois que les fruits sont formés. Récoltez les courgettes quand elles font 13 à 15 cm, sans blesser la tige principale.

COURGE

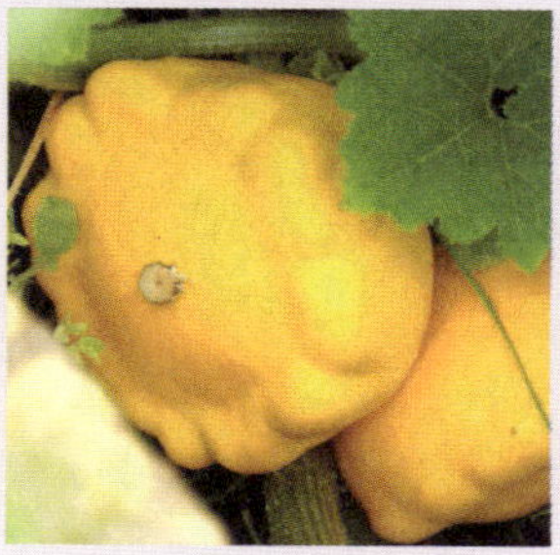

Soleil
14-20 semaines
Printemps
Fin de printemps à début d'été
Fin de printemps à début d'été
Mi-été à mi-automne
90 cm
★★

Variétés
'Mini Red Turban' Petit giraumon aux fruits rouges et blanc rosé.
'Peter Pan' Pâtisson précoce ; fruits vert pâle à chair crème.
'Sunburst' Pâtisson aux fruits jaunes et à chair blanche.

Culture Cultivez ces plantes vigoureuses en pleine terre, en bac ou en sac de culture. Semez les graines sous abri et repiquez les jeunes plants après les dernières gelées, ou semez directement à l'extérieur après la mi-mai. Arrosez régulièrement, sans mouiller les tiges et le feuillage – pour éviter les maladies. Paillez le sol et faites un apport hebdomadaire d'engrais pour tomates. Palissez les tiges verticalement pour gagner de la place et isoler les fruits du sol.

CONCOMBRE

Soleil
16-20 semaines
Printemps
Fin de printemps à début d'été
Début d'été
Mi-été à mi-automne
45 cm
★★★

Variétés
'Burpees Tasty Green' Fruits allongés à chair croquante.
'Crystal Apple' Petits fruits ronds vert pâle.
'Marketmore' Fruits allongés à la chair croquante.
Culture Que ce soient des variétés de serre ou d'extérieur, les concombres demandent de la chaleur, un sol riche, des arrosages copieux et une longue saison de culture. Tuteurez les tiges pour gagner de la place et pincez le sommet des tiges quand elles atteignent le haut du support. Faites des apports réguliers d'engrais pour tomates. En serre, supprimez les fleurs mâles (sans renflement à la base) pour éviter la formation de pépins qui donnent de l'amertume aux fruits.

CONCOMBRE À CONFIRE

Soleil
12-16 semaines
Milieu à fin de printemps
–
Fin de printemps à début d'été
Mi-été à début d'automne
30-40 cm
★

Variétés
Aucune variété disponible Seule l'espèce est cultivée.
Culture Malgré son aspect exotique, le concombre à confire se cultive facilement, comme un concombre d'extérieur. Semez-le en mai-juin à l'intérieur, puis repiquez les jeunes plants quand les gelées ne sont plus à craindre, en pleine terre ou dans de grands conteneurs. Les fruits se forment sur de longues tiges fines munies de vrilles, que vous pouvez faire grimper sur un support ou laisser ramper sur le sol. Arrosez copieusement et faites des apports réguliers d'engrais pour tomates. Récoltez les fruits rayés verts quand ils ont la taille d'un œuf et mangez-les confits ou crus en salade.

POUSSES DE POIS

Soleil ou ombre légère
1-2 semaines
Toute l'année
Printemps à automne
–
Toute l'année
2 cm
★★★

Variétés
'Oregon Sugar Pod' Pois mangetout résistant aux maladies.
'Cascadia' Pois croquant au port compact (support inutile).
'Sugar Bon' Pois croquant normalement cultivé pour ses gousses.
Culture En échelonnant les semis, vous aurez des pousses de pois toute l'année. À l'intérieur, semez en caissettes ou en sacs de culture, à 4 cm de profondeur et 5-8 cm de distance. À l'extérieur, semez en bac ou en pleine terre de mars-avril à septembre-octobre – jusqu'en novembre pour les variétés rustiques. Gardez la terre humide. Quand les plantes atteignent 10-15 cm de haut, coupez environ 5-8 cm de la partie supérieure. Vous pourrez faire 3 ou 4 récoltes.

POIS

Soleil ou mi-ombre
12-14 semaines
Printemps ou automne
Printemps
Mi-printemps ou fin d'automne
Début d'été à mi-automne
5 cm
★★

Variétés
'Merveille de Kelvedon' Variété naine assez précoce, à petits grains.
'Bamby' Pois mangetout précoce, aux gousses vert blond.
'Sugar Ann' Pois croquant aux gousses vert clair et sucrées.
Culture Semez sous abri, à 4 cm de profondeur, dans des godets biodégradables pour éviter de perturber les racines lors de la mise en place. Sinon, semez en place à l'extérieur, en ligne simple ou double, à 5-8 cm de distance. Palissez les variétés hautes à l'aide d'un filet à ramer ou de tuteurs. Paillez les plantes et arrosez souvent quand elles fleurissent, puis forment leurs gousses. Récoltez régulièrement les gousses pour stimuler la production.

HARICOT

Soleil ou mi-ombre
10-16 semaines
Mi-printemps à mi-été
Fin de printemps à début d'été
Fin de printemps à mi-été
Mi-été à automne
Mi-été à automne
★★★

Variétés
'Carminat' À rames ; fleurs roses et gousses violettes.
'Cobra' À rames ; gousses vertes sans fil.
'Beurre de Rocquencourt' Mangetout nain à gousses jaunes.
Culture Semez sous abri, deux graines par pot de 10 cm, puis repiquez les plants quand le gel n'est plus à craindre. Prévoyez un support pour les variétés à rames. Semez directement en place après la mi-mai, en mettant deux graines au pied de chaque tuteur. Protégez les jeunes plantes contre les limaces. Palissez les nouvelles tiges, puis pincez leur extrémité quand elles atteignent le haut du support. Récoltez régulièrement les gousses pour stimuler la production.

HARICOT D'ESPAGNE

Soleil
10-16 semaines
Mi-printemps à mi-été
Fin de printemps à début d'été
Fin de printemps à mi-été
Mi-été à automne
15 cm
★★★

Variétés
'Saint Georges' Variété productive aux fleurs rouges et blanches.
'Polestar' Variété sans fil, savoureuse, aux fleurs rouge vif.
'Sunset' Variété productive aux fleurs rose saumoné.
Culture Semez sous abri, deux graines par pot de 10 cm, puis repiquez les jeunes plants quand le gel n'est plus à craindre, époque où vous pouvez aussi semer directement à l'extérieur. Installez un support solide et fixez-y les nouvelles tiges jusqu'à ce que la plante commence à grimper d'elle-même. S'il fait trop froid pour les abeilles, les premières fleurs peuvent ne pas donner de fruits. Échelonnez les semis toutes les 3 ou 4 semaines pour étaler la production.

FÈVE

Soleil
12-28 semaines
Fin d'hiver à mi-printemps
Printemps
Fin d'hiver à mi-printemps
Fin de printemps à fin d'été
25 cm
★

Variétés
'Primabel' Variété précoce ; longues gousses aux grains blancs.
'D'Aguadulce à Très Longue Cosse' Grains blancs.
'The Sutton' Variété naine aux grains blancs.
Culture Cultivez les fèves dans des pots profonds, adaptés à leurs longues racines, ou en pleine terre. Elles peuvent être semées en automne, mais à l'extérieur, il faut les protéger de l'humidité hivernale à l'aide de cloches. Arrosez bien pendant la floraison. Quand les premières fèves apparaissent, pincez l'extrémité des tiges pour favoriser la croissance des gousses et éliminer les pucerons noirs. Récoltez les fèves quand elles sont petites et encore tendres.

RADIS

Soleil ou mi-ombre
2-8 semaines (radis d'été) ;
8-10 semaines (radis d'hiver)
Mi-hiver à début de printemps
Mi-printemps
–
Fin de printemps à mi-hiver
3 cm (radis d'été) ; 20 cm (radis d'hiver)
★★★

Variétés
'Gloriette' Radis rond, rouge vif, précoce.
'Gros Rond d'Hiver' Radis d'hiver à la racine noire, ronde.
'Flamboyant' Radis demi-long, rose à bout blanc.
Culture Les petits radis, ronds ou longs, poussent vite et se consomment crus, en salade. Semez en petites quantités et échelonnez les semis pour assurer la continuité de la production. Utilisez-les pour garnir les vides entre les autres plantes. Semez les graines dans des sillons de 1 cm de profondeur, puis éclaircissez sur le rang à 3-4 cm pour que les racines aient assez de place. Les radis d'hiver sont plus gros. Semez-les en juillet-août, à 20-25 cm de distance.

CAROTTE

Soleil ou mi-ombre
12-20 semaines
–
Mi-printemps à fin de printemps
–
Fin de printemps à début d'hiver
5-10 cm
★★

Variétés
'Bangor' Variété de pleine saison, se conservant bien.
'Sugarsnax 54' Longues racines orange vif, très sucrées.
'Parmex' Variété type grelot, précoce.
Culture Choisissez des carottes rondes pour les bacs et longues pour la pleine terre – que vous pouvez aussi récolter plus tôt, en « mini-carottes ». Semez les graines finement et gardez le sol humide pour favoriser la levée. Échelonnez les semis pour allonger la période de production. En climat doux, il est possible de semer en novembre pour une récolte au printemps suivant. Contre la mouche de la carotte, couvrez les jeunes plants avec du voile horticole.

BETTERAVE

Soleil ou mi-ombre
8-12 semaines
Début de printemps
Mi-printemps à été
Mi-printemps à mi-été
Mi-été à automne
5-10 cm
★★★

Variétés
'Chioggia' Racine ronde à la chair striée de rose et de blanc.
'Boltardy' Variété résistante à la montaison.
'Burpees Golden' Racine ronde à la chair jaune d'or.
Culture Le plus simple est de semer les graines – en fait, des glomérules de 2 à 5 graines – en place entre avril et juin. Éclaircissez les jeunes plants à 10 cm de distance, en conservant le plant le plus vigoureux. Renouvelez les semis toutes les 2 ou 3 semaines pour assurer une production de l'été à l'automne. Récoltez les plantes un peu serrées plus tôt, en « mini-betteraves », et laissez les autres poursuivre leur croissance. Les jeunes feuilles sont comestibles.

POMME DE TERRE

Soleil
12-22 semaines
–
–
Printemps
Début d'été à mi-automne
30-40 cm
★

Variétés
'Charlotte' Variété à chair ferme, excellente en salade.
'Chérie' Variété précoce à peau rouge et chair jaune.
'Blanche' Variété demi-précoce à la peau jaune pâle.
Culture Qu'elles soient précoces ou tardives, toutes les pommes de terre peuvent être cultivées en bac ou en massif surélevé – les hâtives sont plus indiquées pour les petits espaces. Plantez les « semences » en pleine terre ou dans un bac rempli de 15 cm de terre. Protégez les germes du gel. Quand les plants atteignent 20 cm environ, amassez la terre autour des tiges, jusqu'aux premières feuilles. Buttez ainsi 2 ou 3 fois pour éviter que les tubercules verdissent.

NAVET

Soleil ou mi-ombre
6-10 semaines
–
Début de printemps à mi-été
–
Fin de printemps à début d'hiver
10-15 cm
★★

Variétés
'Jaune Boule d'Or' Navet rond à la peau et à la chair jaunes.
'Market Express' Précoce ; navets très petits, blancs et ronds.
'Primera' Navets blancs teintés de rose, à récolter jeunes.
Culture Échelonnez les semis toutes les 2 ou 3 semaines. Semez en place de mars à juin pour les variétés d'été et de mi-juillet à mi-août pour les variétés d'automne et d'hiver. Le navet aimant les climats frais et humides, arrosez bien les plantes en été pour éviter les racines creuses et fibreuses. Récoltez-les quand ils atteignent la taille d'une balle de golf. Consommez-les crus ou cuits. Mangez en salade les plantules retirées lors de l'éclaircissage.

POIREAU

- Soleil ou mi-ombre
- 30-32 semaines
- Milieu d'hiver
- Fin d'hiver à mi-printemps
- Printemps
- Fin d'été à mi-printemps
- ↔ 15-20 cm
- ★★

Variétés
'Apollo' Variété de mi-saison, résistante à la rouille.
'Electra' Précoce et à croissance rapide ; feuillage bleuté.
'Bleu de Solaise' Feuillage bleuté ; très résistant au froid.
Culture Effectuez les semis d'hiver dans des pots ou des caissettes et ceux de printemps en pépinière, dès que le sol devient facile à travailler. Quand les plants ont atteint la grosseur d'un crayon et une hauteur de 20 cm, repiquez chacun d'eux dans un trou de 15 cm de profondeur. Ne comblez pas le trou de terre ; contentez-vous d'arroser copieusement. Au fur et à mesure de la croissance des plantes, amassez la terre autour des fûts pour qu'ils restent bien blancs.

CHOU-RAVE

- Soleil ou mi-ombre
- 9-12 semaines
- Début de printemps
- Milieu à fin de printemps
- Milieu à fin de printemps
- Été à automne
- ↔ 25 cm
- ★★★

Variétés
'Azur-Star' Variété précoce au bulbe bleu pourpré.
'Quickstar' Variété vert pâle résistante à la montaison.
'Noriko' Supporte bien la sécheresse ; bulbe blanc.
Culture Pour une récolte précoce, semez sous abri en mars-avril et plantez 6 semaines plus tard. À l'extérieur, faites des semis échelonnés à partir de fin avril. Éclaircissez à 25 cm de distance et récoltez les raves quand elles font la taille d'une balle de tennis. Si vous souhaitez de petites raves à consommer en « baby-légumes », éclaircissez à 5 cm et récoltez-les plus tôt. Ne semez pas le chou-rave dans une parcelle ayant récemment accueilli d'autres choux.

FENOUIL DOUX

- Soleil
- 8-24 semaines
- Mi-printemps
- Début d'été
- Fin de printemps
- Été à début d'automne
- ↔ 30 cm
- ★

Variétés
'Cantino' Variété résistante à la montaison.
'Zefa Fino' Gros bulbes aplatis et savoureux.
'Romanesco'Variété classique à la texture tendre.
Culture Semez à l'intérieur en plaques alvéolées ou dans des pots de 10 cm, 4 à 6 semaines avant les dernières gelées, puis plantez en situation chaude et abritée. Sinon, semez directement en pleine terre en début d'été, pour une récolte plus tardive. Les variations de température ou le manque d'eau ont tendance à provoquer une montée à graines prématurée, ce qui nuit au développement du bulbe. Pour éviter la montaison, arrosez très régulièrement.

OIGNON VERT

- Soleil
- 10-14 semaines
- Début à milieu de printemps
- Fin de printemps à début d'automne
- Début d'été
- Mi-été à mi-automne
- ↔ 1 cm
- ★★

Variétés
'Deep Purple' Bulbe arrondi violet et feuilles vertes.
'Laser' Variété vigoureuse, lente à former des bulbes.
'Lisbon' Variété convenant bien à la culture en pot.
Culture Semez directement en place, à l'extérieur. Échelonnez les semis toutes les 2 semaines à partir de la fin du printemps ; protégez-les contre les gelées. Éclaircissez à 1 cm, arrosez régulièrement et récoltez quand la base de la tige est suffisamment renflée. Vous pouvez aussi semer les graines dans des pots de 10 cm en fin d'été, éclaircir à 4-5 plants par pot et faire hiverner à l'intérieur jusqu'au printemps suivant, sur un rebord de fenêtre ensoleillé.

AIL

Soleil
20-36 semaines
–
–
Mi-automne à début de printemps
Fin de printemps à début d'automne
20 cm
★

Variétés
'Germidour' Variété d'automne ; gousses striées de violet.
'Messidrome' Variété d'automne ; gros bulbes, gousses blanches.
'Fructidor' Variété alternative ; gousses roses.
Culture L'ail occupe les planches vides durant l'hiver. Plantez les caïeux dans un sol bien drainé, la pointe affleurant la surface. Arrachez-les quand les feuilles jaunissent, en juin-juillet. Dans les régions au climat frais, choisissez une variété dite alternative et plantez les caïeux en mars-avril pour une récolte en juillet-août. Si votre terre est très humide, plantez-les en pot à l'intérieur, en février-mars, et mettez-les en pleine terre en avril-mai.

LAITUE

Soleil ou mi-ombre
9-12 semaines
Début de printemps
Mi-printemps à fin d'été
Mi-été à automne
Printemps
15-35 cm
★★★

Variétés
'Canasta' Laitue batavia au feuillage cloqué vert teinté de rouge.
'Cocarde' Laitue feuille de chêne au feuillage teinté de rouge.
'Moonred' Laitue romaine de petite taille, rouge et verte.
Culture Effectuez les premiers semis sous abri, dans des plaques alvéolées. Éclaircissez en conservant un plant par alvéole, puis repiquez quand les plants ont 4-5 feuilles. À partir de fin avril, semez directement en place. Par temps chaud, semez en fin d'après-midi, car les graines germent mal au-dessus de 25 °C. Éclaircissez – utilisez les plants que vous avez retirés dans vos salades. Récoltez les laitues pommées en une fois et celles à couper au fur et à mesure.

CHICORÉE

Soleil ou mi-ombre
10-16 semaines
Printemps et automne-hiver
Début d'été
Été
Mi-été à fin d'hiver
30 cm
★★

Variétés
'Palla Rossa' Type Trévise ; résistante à la montaison.
'Pan di Zucchero' Type pain de sucre ; idéale comme salade à couper.
'Rossa di Treviso Precoce' Rouge de Trévise, parfaite pour les récoltes d'hiver.
Culture La chicorée rouge, ou radicchio, et la chicorée « pain de sucre » se cultivent comme la laitue, mais sont plus rustiques. Semez les graines sous abri au printemps – et repiquez les plants en été – ou semez-les directement en place en été. Plantez ou éclaircissez à 30 cm de distance. Vous pouvez aussi semer en automne et en hiver, sous abri, et cultiver les plantes comme des salades à couper. Arrosez bien les plantes pour éviter qu'elles montent à graines.

ÉPINARD

Mi-ombre
6-12 semaines
–
Fin de printemps à début d'automne
–
Mi-printemps à fin d'automne
15 cm
★★

Variétés
'Galaxy' Variété résistante au froid et à la montaison.
'Lazio' Port dressé ; bonne résistance au mildiou.
'Rubia' Variété à nervures rouges, idéale en jeunes pousses.
Culture Semez directement en place, en renouvelant les semis toutes les 3 semaines. Éclaircissez à 8 cm, puis arrachez un plant sur deux, que vous consommerez en jeunes pousses, et laissez les autres se développer. Les plantes semées en fin d'été et début d'automne seront récoltées le printemps suivant. Arrosez régulièrement pour éviter la montée à graines. Récoltez les jeunes pousses après 6 semaines et les grandes feuilles après 10 semaines.

MOUTARDE BRUNE

Soleil ou mi-ombre
6-8 semaines
Fin de printemps à début d'été
Milieu à fin d'été
Milieu à fin d'été
Mi-été à fin d'automne
15-30 cm
★★★

Variétés
'Golden Streaks' Feuilles cloquées vert-jaune à la saveur douce.
'Green-in-the-snow' Feuilles dentées à la saveur poivrée.
'Red Giant' Grandes feuilles vertes teintées de pourpre.
Culture Riches en vitamines, les feuilles de moutarde brune se consomment en salade ou sautées à la poêle. Pour éviter la montaison par temps frais, semez les graines sous abri en plaques alvéolées et repiquez les plants quand ils ont 3 ou 4 feuilles. À partir de la mi-été, semez en place et éclaircissez les semis – les jeunes plants retirés se mangent comme des jeunes pousses. Récoltez la plante entière ou coupez les feuilles selon vos besoins, comme une laitue à couper.

ROQUETTE

Soleil ou mi-ombre
4-12 semaines
Printemps et début d'automne
Fin de printemps et mi-automne
Mi-printemps à mi-automne
Début de printemps à début d'hiver
15 cm
★★★

Variétés
'Apollo' Grandes feuilles rondes vert foncé, à consommer jeunes.
'Pegasus' Grandes feuilles découpées, au goût peu poivré.
'Sky Rocket' Croissance rapide, bonne résistance à la montaison.
Culture Pour éviter la montaison, favorisée par le temps chaud ou sec, et récolter des feuilles tendres, renouvelez régulièrement les semis – toutes les 2 ou 3 semaines environ. Semez en place à l'extérieur. En climat frais, semez en pots à l'intérieur au printemps et en automne. Protégez les plantes du gel avec un voile d'hivernage. Arrosez bien. Coupez les feuilles selon vos besoins, après 2 semaines, ou récoltez la plante entière après 4 semaines.

POIRÉE

Soleil ou mi-ombre
8-16 semaines
Début à milieu de printemps
Mi-printemps à fin d'été
Fin de printemps à début d'été
Mi-été à printemps
20-40 cm
★★★

Variétés
'Bright Lights' Donne un mélange de côtes aux coloris vifs.
'Charlotte' Résistante à la montaison ; côtes rouge vif.
'Adria' Plante trapue au port dressé et aux côtes blanches.
Culture La poirée, ou bette, se récolte en été, pour ses jeunes feuilles, ou en automne et en hiver, pour ses côtes. Si le semis sous abri suivi d'un repiquage est possible, il est préférable de semer directement. Éclaircissez pour conserver un seul plant – les semences de poirée sont des glomérules de plusieurs graines. Pour les récoltes d'été, semez au printemps et éclaircissez à 20 cm. Pour les récoltes d'automne et d'hiver, semez en fin d'été et éclaircissez à 40 cm.

PAK-CHOÏ

Soleil
5-10 semaines
Mi-printemps à début d'été
Milieu à fin d'été
Fin de printemps à début d'été
Début d'été à mi-automne
10-25 cm
★★★

Variétés
'Canton Nain' Variété compacte aux feuilles vertes et côtes blanches.
'Glacier' Résistante à la montaison ; côtes et nervures blanches.
'Joï Choï' Variété à côtes blanches, résistante à la montaison.
Culture Ce légume-feuille asiatique, à croissance rapide, est aussi savoureux jeune que bien pommé. Pour éviter la montée à graines par temps chaud, frais ou sec, choisissez des variétés résistantes. Au printemps, semez à l'intérieur à 10-13 °C, puis repiquez les jeunes plants quand ils ont formé 3 à 4 feuilles. En été, semez en place, puis éclaircissez à 10 cm pour les plantes récoltées feuille à feuille et à 25 cm pour celles récoltées entières. Arrosez régulièrement.

FRISÉE ET SCAROLE

Soleil ou mi-ombre
12-14 semaines
Milieu à fin de printemps
Début à milieu d'été
Été
Mi-été à fin d'automne
25 cm
★★

Variétés

'Fine de Louviers' Type frisée ; feuilles finement divisées.
'Eminence' Type scarole ; feuilles larges et cœur jaune.
'Pancalieri' Type frisée ; blanchit naturellement.

Culture La frisée, aux feuilles découpées, et la scarole, plus rustique, aux feuilles larges, sont des chicorées. Pour étaler la récolte, échelonnez les semis toutes les 2 ou 3 semaines. Faites les premiers semis à l'intérieur et repiquez quand le temps s'est radouci. En été, semez en place. Quand les salades ont bien grossi, procédez au blanchiment pour éliminer l'amertume : recouvrez la plante avec un pot retourné ou liez les feuilles avec du raphia.

MAÏS DOUX

Soleil
16-24 semaines
Milieu à fin de printemps
Début d'été
Fin de printemps à début d'été
Fin d'été à mi-automne
35-45 cm
★

Variétés

'Dobosz' À récolter jeune pour la production de mini-épis.
'Golda' Variété précoce à grains jaune d'or.
'Swift' Maïs à port nain, précoce, idéal en climat frais.

Culture Le maïs exige de la chaleur et une longue saison de culture. Semez les graines au chaud dans des godets individuels et mettez en place quand tout risque de gel est passé. Semez directement en place en début d'été, en poquets de deux graines, puis conservez le plant le plus vigoureux. Buttez la base pour soutenir les tiges. Arrosez copieusement quand la plante fleurit, puis quand les épis se forment.

CHOU KALE

Soleil ou mi-ombre
14-32 semaines
Milieu à fin de printemps
Début d'été
Fin de printemps à mi-été
Automne à printemps
60 cm
★★

Variétés

'Nero di Toscana' Longues feuilles cloquées, vert foncé.
'Redbor' Feuillage frisé pourpre foncé, résistant aux gelées.
'Red Russian' Feuilles dentelées à tiges rouges et saveur douce.

Culture Les choux destinés à une récolte d'hiver prennent de la place. Semez-les en pots individuels au printemps, puis plantez-les à la mi-été, quand la place se libère. Arrosez copieusement et tuteurez les plantes au fur et à mesure de leur croissance. Récoltez les feuilles externes en automne et en hiver ; laissez celles du cœur se développer. Vous pouvez aussi récolter les jeunes feuilles en été selon vos besoins, à la manière d'une laitue à couper.

BROCOLI À JETS

Soleil
34-38 semaines
Fin de printemps
Début d'été
Mi-été
Fin d'hiver à fin de printemps
60 cm
★

Variétés

'Bordeaux' Variété précoce aux petites pommes violettes.
'Burbank' Variété vigoureuse aux pommes blanches.
'Santee' Variété très précoce aux pommes violettes.

Culture Ces grandes plantes sont précieuses pour remplir l'espace de l'hiver au printemps. Semez au printemps en pots individuels ou en plaques alvéolées, à 1 cm de profondeur, et repiquez vers la mi-été, quand l'espace se libère. Vous pouvez aussi semer en place en début d'été. Protégez les jeunes plants contre les pigeons à l'aide de filets. Arrosez copieusement et tuteurez les plantes, si nécessaire. En été, cultivez le brocoli au pied des plantes basses, comme des laitues.

FRAISIER DES BOIS

Soleil ou mi-ombre
Espèce vivace
Printemps ou automne
Fin de printemps
Mi-printemps ou début d'automne
Été
30-40 cm
★★

Variétés
'Alexandria' Port compact ; fruits rouges parfumés.
'Mara des Bois' Fruits assez gros, à la chair rouge pâle.
'Reine des Vallées' Petits fruits rouges de juin aux gelées.

Culture Ces vivaces se ressèment spontanément et produisent chaque été des petits fruits délicats. Semez sous abri au printemps, puis repiquez quand le gel n'est plus à craindre. Vous pouvez aussi semer en place, mais protégez les jeunes plants contre les limaces. Ne mouillez pas les fruits, sensibles à la pourriture. Supprimez les stolons pour favoriser la croissance des fruits et renouvelez les plants tous les 3-4 ans. Les fleurs blanches sont comestibles.

FRAISIER

Soleil
Espèce vivace
–
–
Printemps ou automne
Début d'été à début d'automne
30-40 cm
★★

Variétés
'Charlotte' Variété remontante ; fruits au goût de fraise des bois.
'Gariguette' Variété non remontante, précoce ; fruits allongés.
'Maestro' Variété remontante ; très gros fruits savoureux.

Culture Les fraisiers non remontants produisent une fois dans l'année, en été, alors que les fraisiers remontants fructifient une première fois en début d'été, puis une seconde en fin d'été, jusqu'aux gelées. Plantez vos fraisiers dans un sol riche ou en bac, où vous les espacerez de 15 cm. Arrosez bien et fertilisez régulièrement avec un engrais pour tomates. Pour éviter que les fruits soient souillés par la terre, paillez la surface du sol.

FRAMBOISIER

Soleil ou mi-ombre
Espèce vivace
–
–
Fin d'automne à début de printemps
Début d'été et automne
35-45 cm
★★★

Variétés
'Fall Gold' Variété remontante aux fruits jaune ambré.
'Héritage' Variété remontante aux fruits rouge vif.
'Polka' Variété remontante, précoce ; tiges peu épineuses.

Culture Les variétés remontantes peuvent être taillées de manière à donner une seule récolte, en automne. Dans ce cas, le support est inutile. Achetez des jeunes plants et plantez-les en pleine terre ou en bac. Au printemps, paillez le sol pour retenir l'humidité. Arrosez et fertilisez régulièrement pour favoriser la production. Posez des filets contre les oiseaux. Récoltez les fruits jusqu'aux premières gelées. Taillez toutes les canes au ras du sol en fin d'hiver.

RONCE DU JAPON

Soleil ou mi-ombre
Espèce vivace
–
–
Automne à début de printemps
Milieu à fin d'été
2,50-3,50 m
★★

Variétés
Aucune variété disponible Seule l'espèce est cultivée.

Culture Cultivez cet arbuste vigoureux en pleine terre, dans un sol riche, ou dans un grand bac. Comme il fructifie sur les tiges produites l'année précédente, comptez au moins 18 mois avant de récolter les premiers fruits. Par la suite, avec une taille appropriée, il fructifiera tous les étés. Arrosez copieusement, notamment pendant la formation des fruits, et palissez les longues tiges roses sur un support. Pour réduire l'encombrement de l'arbuste, enroulez les tiges sur elles-mêmes. Après la récolte, coupez les vieilles tiges et palissez les nouvelles, qui assureront la prochaine récolte.

RONCE À FRUITS

- Soleil ou mi-ombre
- Espèce vivace
- –
- –
- Automne à début de printemps
- Mi-été à début d'automne
- 2,50-3,50 m
- ★★

Variétés

'Loch Ness' Compacte et sans épines ; gros fruits sucrés.
'Reuben' Remontante, productive ; gros fruits parfumés.
'Triple Crown' Sans épines ; très gros fruits juteux.

Culture La ronce produit de longues tiges souples, mais il existe des variétés compactes, adaptées à la culture en bac. Installez un support avec des fils tendus sur un mur ou entre deux piquets. La ronce fructifiant sur les tiges de 2 ans, palissez-la en éventail la première année. L'année suivante, après la récolte, coupez les tiges qui ont fructifié à la base et conservez les nouvelles, qui fructifieront l'année suivante. Arrosez et fertilisez régulièrement.

MYRTILLIER

- Soleil ou mi-ombre
- Espèce vivace
- –
- –
- Automne à début de printemps
- Fin d'été à début d'automne
- 1,50 m
- ★

Variétés

'Duke' Variété précoce et productive.
'Spartan' Variété au port dressé et aux fruits parfumés.
'Blue Crop' Gros fruits fermes et parfumés.

Culture Idéal pour la culture en pot, le myrtillier offre des baies parfumées, une floraison printanière attrayante et de belles teintes en automne. Cultivez-le dans de la terre de bruyère et arrosez-le à l'eau de pluie. Pour une récolte plus abondante, cultivez deux plantes afin de favoriser la pollinisation. Paillez au printemps et posez des filets anti-oiseaux. Après 2 ans, coupez chaque printemps les tiges en surnombre ainsi qu'une ou deux vieilles tiges.

POMMIER

- Soleil
- Espèce vivace
- –
- –
- Automne à début de printemps
- Mi-été à mi-automne
- 1,80-3,60 m
- ★

Variétés

'Garden Sun Red' Pommier nain aux fruits rouges striés.
'Polka' Pommier colonnaire Ballerina ; gros fruits rouges.
'Reine des Reinettes' Variété classique, excellent pollinisateur.

Culture Pour les petits espaces et la culture en bac, choisissez des pommiers greffés sur M 26 et privilégiez les formes en palmette ou en cordon. Pour assurer la pollinisation, plantez au moins deux arbres s'il n'y a aucun pommier à proximité. Arrosez régulièrement la première année de végétation. Tuteurez les arbres de plein vent. Supprimez les fruits la première année. Par la suite, éclaircissez pour favoriser le calibre des fruits. Taillez les arbres en hiver.

POIRIER

- Soleil
- Espèce vivace
- –
- –
- Automne à début de printemps
- Fin d'été à mi-automne
- 1,80-3,60 m
- ★

Variétés

'Beurré Hardy' Fruits vert bronze à la chair fine et juteuse.
'Doyenné du Comice' Gros fruits sucrés et juteux.
'Garden Gem' Poirier nain ; fruits arrondis, rouges à maturité.

Culture Comme pour le pommier, choisissez des arbres greffés sur porte-greffe nanifiant et des formes palissées. Certaines variétés sont spécialement conçues pour la culture en bac. Le poirier a besoin d'un emplacement chaud, abrité des gelées tardives. Plantez au moins deux variétés différentes et compatibles pour assurer la pollinisation. Tuteurez les arbres de plein vent. Paillez au printemps, éclaircissez les fruits et arrosez en été. Le poirier se taille en hiver.

OSEILLE

- Mi-ombre
- Espèce vivace
- –
- Printemps
- Milieu à fin de printemps
- Été à automne
- 30 cm
- ★★★

Variétés

'Large de Belleville' Feuilles vert pâle à la saveur acidulée.
'Bloody Dock' Feuilles pointues vert foncé aux nervures rouges.
Culture Cette vivace rustique à la saveur acidulée se consomme en salade ou dans des plats à base d'œuf ou de poisson. Semez à l'extérieur, en pépinière ou en place, puis repiquez ou éclaircissez à 30 cm. Paillez et arrosez pour maintenir la fraîcheur du sol et éviter que les feuilles ne deviennent amères. Récoltez les jeunes feuilles avant la floraison et supprimez les fleurs pour empêcher les plantes de se ressemer. Protégez les plantes en hiver et continuez à récolter les feuilles. L'oseille se multiplie aussi par division de touffes.

LIVÈCHE

- Soleil ou mi-ombre
- Espèce vivace
- –
- Printemps ou fin d'été
- Printemps à été, ou automne
- Fin de printemps à début d'hiver
- 60 cm
- ★★★

Variétés

Aucune variété disponible Seule l'espèce est cultivée.
Culture Cette vivace rustique atteint 2 m de haut. Ses feuilles au parfum de céleri s'utilisent dans les salades, les soupes et les plats mijotés. La livèche met du temps à s'établir. Attendez la deuxième année avant de récolter les feuilles des plantes issues de semis. Semez en pépinière en fin d'été et repiquez le printemps suivant, ou semez en place au printemps. Récoltez les jeunes feuilles avant la floraison. Maintenez le sol frais durant l'été et rabattez la touffe en automne. Les plantes adultes peuvent être divisées au printemps. Attention, consommée en excès, la livèche peut donner des maux d'estomac.

PERSIL

- Soleil ou mi-ombre
- 8-12 semaines
- –
- Fin d'hiver à fin d'été
- Fin de printemps à fin d'été
- Toute l'année
- 15 cm
- ★★

Variétés

'Géant d'Italie' Persil plat aux feuilles très aromatiques.
'Lisette' Persil frisé aux feuilles vert vif, aromatiques.
'Titan' Persil plat aux feuilles découpées vert foncé.
Culture Échelonnez les semis de mars à septembre pour allonger la période de production. Semez en pleine terre après avoir fait tremper les graines 24 heures dans un peu d'eau. Arrosez régulièrement pour garder le sol humide. La levée est lente. Fertilisez une fois par semaine avec un engrais riche en azote et supprimez les fleurs quand elles apparaissent. Abritez quelques pieds avec un châssis et vous pourrez récolter du persil durant tout l'hiver.

CERFEUIL MUSQUÉ

- Mi-ombre
- Espèce vivace
- –
- Mi-automne à fin d'hiver
- Fin d'hiver à automne
- Printemps et été
- 50-60 cm
- ★★★

Variétés

Aucune variété disponible Seule l'espèce est cultivée.
Culture Le feuillage fin du cerfeuil musqué apporte une saveur anisée aux salades et aux desserts à base de fruits. Les graines ont besoin de froid pour germer. Faites le semis à l'extérieur dans des pots individuels ou en place – vous éclaircirez ensuite les jeunes plants. Récoltez les feuilles selon vos besoins et supprimez les fleurs pour favoriser la repousse du feuillage. Vous pouvez aussi laisser la plante fleurir – ne coupez pas les feuilles pendant ce temps – et récolter les graines pour parfumer les salades. Ne laissez pas les graines tomber au sol car la plante se ressème abondamment.

FENOUIL

- Soleil
- 16-20 semaines
- Début à milieu de printemps
- Fin de printemps à début d'été
- Fin de printemps
- Début d'été à mi-automne
- ↔ 45 cm
- ★★★

Variétés

Foeniculum vulgare Feuillage vert, fleurs jaunes.

'Purpureum' Feuillage bronze virant peu à peu au gris-vert.

Culture Apprécié pour sa saveur anisée, le fenouil se cultive comme une annuelle ou une vivace. Semez à l'intérieur dans des plaques alvéolées, afin de ne pas perturber la longue racine pivotante, puis repiquez quand les gelées ne sont plus à craindre. Vous pouvez aussi effectuer un semis direct en fin de printemps. Coupez les feuilles régulièrement avant que la plante fleurisse ou, si vous souhaitez prolonger la récolte des feuilles, supprimez les tiges florales. Récoltez les graines en fin d'été. Le fenouil se multiplie aussi par division.

BOURRACHE

- Soleil
- 10-14 semaines
- Début de printemps
- Milieu à fin de printemps
- Milieu à fin de printemps
- Début d'été à début d'automne
- ↔ 20 cm
- ★★★

Variétés

Borago officinalis Fleurs bleues et grandes feuilles gris-vert.

'Alba' Variété aux fleurs blanches et grandes feuilles vertes.

Culture On utilise les jeunes feuilles de la bourrache en salade et ses fleurs bleues pour agrémenter boissons fraîches, glaçons, salades et desserts. Semez à l'intérieur en pots ou dans des plaques alvéolées au printemps, puis repiquez les jeunes plants en veillant à ne pas perturber les racines. Vous pouvez aussi semer en place, puis éclaircir. Pour éviter l'allongement excessif des tiges, cultivez la bourrache dans un sol pauvre. Récoltez les fleurs régulièrement. Ne laissez pas les graines se former car la plante se multiplie abondamment.

SAUGE

- Soleil
- Espèce vivace
- –
- –
- Automne et printemps
- Toute l'année
- ↔ 40 cm
- ★★

Variétés

'Albiflora' Fleurs blanches en épis et feuilles gris-vert.

'Icterina' Arbuste décoratif au feuillage panaché de jaune.

'Purpurascens' Feuillage semi-persistant, vert pourpré.

Culture Cette vivace arbustive fournit tout au long de l'année des feuilles aromatiques qu'on utilise fraîches ou séchées. Achetez des jeunes plants en godets et plantez-les dans un sol ou un terreau léger et bien drainant. Récoltez régulièrement les feuilles – plus douces avant la floraison, plus fortes après. Taillez les plantes après la floraison. Il est conseillé de remplacer les plantes tous les 3 ou 4 ans, en les bouturant ou en achetant de nouveaux plants.

LAVANDE

- Soleil
- Espèce vivace
- –
- –
- Automne ou printemps
- Début d'été à mi-automne
- ↔ 40-50 cm
- ★★

Variétés

'Hidcote' Fleurs violet foncé et feuillage gris argenté.

'Loddon Pink' Port compact et courts épis de fleurs roses.

'Munstead' Variété naine ; feuillage gris et fleurs bleu foncé.

Culture Très parfumées, les feuilles et les fleurs de lavande sont utilisées pour aromatiser sucre, desserts, biscuits, gâteaux, thés et huiles. Achetez des jeunes plants en godets au printemps et plantez-les dans un sol ou un terreau bien drainant. Récoltez les fleurs au printemps et les feuilles jusqu'en automne. Après la floraison, rabattez les tiges qui ont fleuri – sans tailler dans le vieux bois, qui ne reperce pas. On recommande de remplacer les pieds tous les 4 à 5 ans.

ROMARIN

Soleil
Espèce vivace
–
–
Fin de printemps
Toute l'année
40 cm
★★

Variétés

'Green Ginger' Compact et dressé ; feuillage au goût de gingembre.
'Miss Jessopp's Upright' Feuillage argenté et fleurs bleues.
'Roseus' Variété aux fleurs roses et au feuillage vert vif.

Culture Une fois établi, cet arbuste persistant fournit des feuilles aromatiques toute l'année, mais elles sont plus tendres en début de saison. Plantez les sujets achetés en godets dans un sol ou un terreau bien drainant quand le risque de gel est passé. Dans les régions aux hivers rudes, cultivez le romarin en pot et rentrez-le pendant l'hiver. Rabattez les tiges après la floraison, au printemps ou en été, afin que l'arbuste conserve une silhouette équilibrée.

BASILIC

Soleil
6-8 semaines
Début de printemps à début d'été
Début à milieu d'été
Début à milieu d'été
Début d'été à automne
25 cm
★★★

Variétés

'Cannelle' Tiges violacées et feuillage au parfum de cannelle.
'Marseille' Grandes feuilles arrondies vert vif, au goût prononcé.
'Purple Ruffles' Feuilles allongées et dentelées, pourpre foncé.

Culture Cette annuelle craint le gel et l'humidité. Semez à l'intérieur, à 20 °C. Couvrez les graines avec une fine couche de terre et arrosez avec parcimonie pour éviter que les plantules ne pourrissent. Repiquez en situation abritée, après les dernières gelées, ou en pot. Le semis direct est possible sous les climats doux. Pincez régulièrement le sommet des tiges afin que la plante garde un port dense et produise de nouvelles feuilles. N'arrosez jamais le soir.

BASILIC CAMPHRÉ

Soleil
Espèce vivace
–
–
Début d'été
Début à fin d'été
30-40 cm
★★

Variétés

Aucune variété disponible Seule l'espèce est cultivée.

Culture Cette herbe produit un feuillage aromatique et des épis de fleurs violettes très appréciées par les abeilles. Vivace, contrairement au basilic traditionnel, et non rustique, elle est commercialisée uniquement en godets car elle ne produit pas de graines. Plantez-la dans un sol ou un terreau bien drainé quand tout risque de gel est écarté. Si vous la cultivez en pot, rabattez les tiges en automne et rentrez-la pour l'hiver. Pour multiplier le basilic camphré, prélevez des boutures de tiges de 10 à 15 cm au printemps et piquez-les dans un terreau sableux. Arrosez avec parcimonie.

MENTHE

Soleil ou mi-ombre
Espèce vivace
–
–
Mi-printemps à début d'été
Début à fin d'été
30-40 cm
★★★

Variétés

Menthe gingembre (*Mentha* x *gracilis* 'Variegata') Feuillage panaché.
M. spicata *(M. spicata)* Feuillage vert et fleurs pourpres.
Menthe à feuilles rondes (*M. suaveolens*) Parfum de pomme.

Culture La menthe est une herbe aromatique très précieuse. Il suffit d'un pied de chaque variété, car elle couvre rapidement le sol. Achetez des jeunes plants en godets au printemps. Pour maîtriser le développement des racines – la menthe est une espèce envahissante –, cultivez-les dans de grands conteneurs que vous enterrerez dans vos massifs. Arrosez bien, récoltez régulièrement les feuilles et rabattez les tiges dégarnies en été pour favoriser la repousse.

ESTRAGON

- Soleil
- Espèce vivace
- –
- –
- Printemps
- Été à début d'automne
- 60 cm
- ★★★

Variétés

Aucune variété disponible Seule l'espèce est cultivée.

Culture Cette herbe aromatique a des feuilles étroites vert argenté au parfum mêlé d'anis et de menthe. Le semis étant délicat en climat frais, achetez des jeunes plants en godets et transplantez-les en pleine terre ou en pot, dans un sol ou un terreau bien drainé, neutre ou alcalin. L'estragon craint les conditions froides et humides et n'est pas parfaitement rustique. En hiver, protégez les plantes de l'humidité et des fortes gelées ou rentrez-les si elles sont en pot. Bien que proches d'aspect, ne confondez pas cette plante aromatique avec l'estragon de Russie, plus vigoureux mais moins parfumé.

CIBOULETTE

- Soleil
- Espèce vivace
- Fin d'hiver à fin de printemps
- Milieu à fin de printemps
- Fin de printemps à mi-été
- Fin de printemps à mi-automne
- 15 cm
- ★★★

Variétés

'Très Fine Danoise' Variété classique aux feuilles fines.

'Polyvit' Variété très productive, à feuilles larges.

'Staro' Grosses feuilles vert foncé.

Culture Vivace rustique, la ciboulette se récolte naturellement feuille à feuille. Semez à l'intérieur en caissettes, repiquez les plantules en pots par 3 ou 4, puis transplantez au jardin après les dernières gelées. Vous pouvez aussi semer les graines en place au printemps. Commencez la récolte quand les feuilles atteignent 15 cm de haut. Rabattez la plante tous les 2 mois pour obtenir de nouvelles feuilles plus tendres. Les fleurs se mangent également.

ANETH

- Soleil
- 8-10 semaines
- –
- Mi-printemps
- –
- Été
- 20 cm
- ★★★

Variétés

'Dukat' Feuillage vert bleuté à l'arôme prononcé.

'Ella' Variété naine au feuillage vert foncé très aromatique.

'Fernleaf' Variété naine au feuillage très fin, vert foncé.

Culture Cette annuelle rustique à la longue racine pivotante pousse mieux si elle est semée en place. Échelonnez les semis pour étaler la production. Semez clair en avril-mai. Recouvrez à peine les graines et, au besoin, protégez les jeunes plantules du gel à l'aide de cloches. Éclaircissez ensuite à 20 cm de distance. Récoltez les feuilles quand les plantes ont atteint 30 cm de haut, en coupant toute la plante. Les fleurs et les graines se consomment également.

ORIGAN

- Soleil
- Espèce vivace
- –
- –
- Fin de printemps à mi-été
- Mi-été à mi-automne
- 25 cm
- ★★★

Variétés

'Compactum' Port compact et dense ; feuilles vert foncé.

'Country Cream'Feuillage panaché de vert et de crème.

'Thumbles Variety' Feuillage doré et fleurs rose violacé pâle.

Culture Vivace rustique, l'origan est indissociable de la cuisine méditerranéenne. Le semis étant délicat, achetez des jeunes plants en godets, puis transplantez-les dans des pots ou des jardinières, ou bien en pleine terre, le long d'une allée, dans un sol bien drainé. Récoltez les feuilles avant la floraison ; c'est à cette période que leur arôme est le meilleur. L'origan est souvent confondu avec la marjolaine, moins rustique mais aussi intéressante à cultiver.

THYM

- Soleil
- Espèce vivace
- –
- –
- Fin de printemps à début d'été
- Fin de printemps à début d'hiver
- 30 cm
- ★★★

Variétés

'Golden King' Thym citron au feuillage bordé de jaune.
'Orange' Feuillage vert au parfum d'orange.
'Silver Queen' Thym citron au feuillage panaché de blanc.

Culture Avec son port rampant et son feuillage persistant, le thym est particulièrement adapté aux petits espaces ensoleillés pourvus d'un sol bien drainé. Le semis étant capricieux, il vaut mieux acheter des jeunes plants en godets. Les variétés sont nombreuses et offrent des parfums variés. Les feuilles se récoltent presque toute l'année. Taillez les plantes après la floraison pour favoriser les nouvelles pousses. Au besoin, remplacez les pieds tous les 3 ou 4 ans.

CORIANDRE

- Soleil ou mi-ombre
- 4-8 semaines pour les feuilles
- Début de printemps et automne
- Mi-printemps
- Mi-printemps à mi-été
- Fin de printemps à début d'hiver
- 25-30 cm
- ★★★

Variétés

'Calypso' Croissance rapide ; bonne résistance à la montaison.
'Confetti' Feuillage finement découpé, à la saveur douce.
'Lemon' Feuillage au léger parfum de citron.

Culture Cultivez cette annuelle à mi-ombre pour ses feuilles ou au soleil pour ses graines. Le semis sous abri est possible, mais les plantes ont tendance à monter à graines quand on les repique. Semez plutôt directement, en échelonnant les semis tous les mois. Vous pouvez aussi semer en pot à l'automne et placer les plantes sur un rebord de fenêtre durant l'hiver. Coupez les feuilles régulièrement et gardez la terre humide. Tuteurez les tiges qui portent les graines.

OXALIS TRIANGULARIS

- Soleil ou mi-ombre
- 8-10 semaines
- –
- –
- Début d'été
- Mi-été à automne
- 30 cm
- ★

Variétés

Aucune variété disponible Seule l'espèce est cultivée.

Culture Appréciée comme plante d'appartement, cette vivace non rustique peut être plantée au jardin durant l'été pour ses feuilles pourpres à la saveur citronnée et ses fleurs rose pâle. Achetez des plants en godets au printemps et mettez-les en pleine terre ou en pot après les dernières gelées, dans un sol ou un terreau bien drainé. Arrosez régulièrement et coupez les fleurs fanées pour inciter les plantes à refleurir. Récoltez avec parcimonie quelques feuilles et fleurs pour agrémenter vos salades. Vous pouvez rempoter les plantes en automne et les conserver à l'intérieur jusqu'au printemps suivant.

CAPUCINE

- Soleil
- 10-12 semaines
- Mi-printemps
- Fin de printemps à début d'été
- Fin de printemps à début d'été
- Été à automne
- 45 cm
- ★★★

Variétés

'Alaska' Forme panachée au feuillage marbré de blanc.
'Black Velvet' Feuillage vert clair et fleurs noir pourpré.
'Impératrice des Indes' Fleurs rouges et feuillage vert foncé.

Culture Semez cette annuelle en pot sous abri, au printemps, ou directement en pleine terre quand les gelées ne sont plus à craindre. Laissez ses longues tiges ramper parmi les autres plantes ou palissez-les sur un support. La capucine s'accommode de presque tous les types de sol, même pauvres. Vous pouvez consommer les fleurs, les feuilles et les graines au goût poivré plus prononcé. Les capucines se ressèment spontanément.

PAVOT DE CALIFORNIE

Soleil
10 semaines
–
Mi-printemps à début d'été
–
Été
↔ 15-20 cm
★★★

Variétés
'Alba' Fleurs simples blanc crème.
'Apricot Chiffon' Fleurs doubles jaunes bordées d'orange.
'Red Chief' Feuillage vert bleuté et fleurs d'un rouge intense.
Culture Semez cette annuelle directement en place en avril-mai, soit dans un massif bien drainé, soit en pot. Renouvelez les semis toutes les 2 ou 3 semaines pour allonger la période de floraison. Éclaircissez à 15-20 cm de distance. Récoltez les fleurs en fonction de vos besoins et utilisez les pétales pour orner salades et boissons rafraîchissantes. Coupez les fleurs fanées pour inciter les plantes à refleurir. Le pavot de Californie se ressème facilement.

SOUCI

Soleil
10-12 semaines
Début de printemps
Mi-printemps
Milieu à fin de printemps
Été à automne
↔ 30 cm
★★★

Variétés
'Bonbon Abricot' Fleurs doubles abricot clair.
'Orange King' Grandes fleurs orange ; longue floraison.
Orange Porcupine' Fleurs orange vif aux pétales pointus.
Culture Facile à semer, cette annuelle se décline en nombreuses variétés. Au début du printemps, semez en pots ou caissettes, puis éclaircissez les plantules pour conserver les plus vigoureuses. Après les avoir endurcies, plantez-les à 30 cm de distance. Le semis direct est également possible, en massif ou en pot. Arrosez et coupez régulièrement les fleurs fanées. Au potager, le souci est une plante compagne intéressante et ses fleurs décorent joliment les salades.

VIOLA

Soleil ou mi-ombre
Espèce bisannuelle
–
Été
Automne
Automne à printemps
↔ 45 cm
★★★

Variétés
'Heart's ease' ***(V. tricolor)*** Fleurs violettes, jaunes et blanches.
'Pat Kavanagh' Fleurs jaune pâle bordées de mauve.
'Maggie Mott' Fleurs mauves au centre crème.
Culture Il est plus simple d'acheter les violas et les pensées en godets, à l'automne, saison où l'on trouve de nombreuses variétés en jardinerie. Plantez-les en pleine terre ou en pots. Elles supportent bien le froid et fleuriront généreusement jusqu'au printemps si vous supprimez régulièrement les fleurs qui ont fané. Coupez les fleurs en fonction de vos besoins et utilisez-les pour décorer vos salades. La plupart des variétés de viola se ressèment abondamment

ŒILLET DE POÈTE

Soleil
Espèce bisannuelle
–
Mi-printemps à début d'été
Automne
Fin de printemps à début d'été
↔ 25 cm
★★

Variétés
'Auricula Eyed' Bouquets de fleurs frangées roses et blanches.
'Sweet Red' Variété naine à fleurs rouges, idéale en pot.
'Dianbunda Red Picotee' Précoce, fleurs rouges et blanches.
Culture L'œillet de poète est une vivace que l'on cultive en bisannuelle. Plantez des jeunes plants en godets en automne ; ils fleuriront le printemps suivant. Vous pouvez aussi semer et repiquer en pépinière au printemps, puis mettre en place les plantes à l'automne, en pleine terre ou en pot. Arrosez régulièrement et coupez les fleurs fanées pour prolonger la floraison. Utilisez les fleurs délicatement parfumées pour décorer salades et boissons.

Principaux ravageurs

Limaces et escargots Plus actifs la nuit et par temps humide, ces ravageurs s'attaquent aux plantes à tous les stades de leur croissance. Combattez-les à l'aide de granulés, de pièges ou de barrières.

Chenilles de piéride du chou Ces larves dévorent les feuilles des choux et autres brassicacées, ne laissant parfois que les nervures. Posez des filets pour empêcher les adultes de pondre sur les plantes.

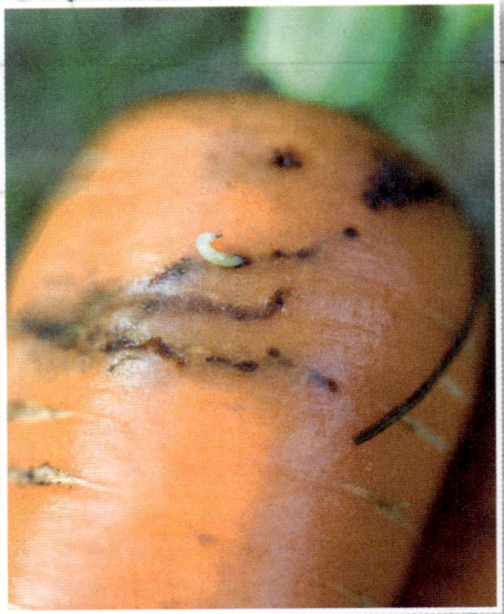

Larves de mouche de la carotte Ces petits vers creusent des galeries dans les racines de carotte et de navet. Posez des filets sur les plantes pour empêcher les pontes et cultivez des variétés résistantes.

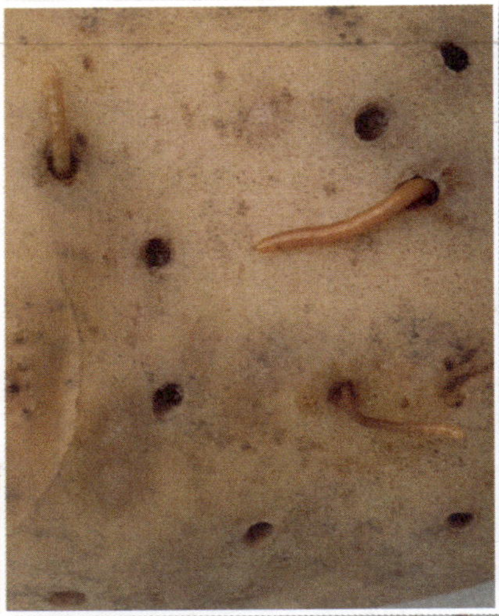

Larves de taupins Les larves de ce coléoptère se nourrissent des racines des plantules et creusent des galeries dans les pommes de terre et les bulbes. Éliminez les larves quand vous en trouvez.

Larves d'otiorhynques Ces petits vers blanc crème se nourrissent des racines de nombreux végétaux, notamment ceux cultivés en pot. Traitez avec des nématodes et éliminez les larves quand vous en trouvez.

Oiseaux Les plants de choux sont souvent lacérés par les pigeons *(ci-dessus)*. D'autres oiseaux s'attaquent aussi aux fruits. Posez des filets et arrimez-les au sol pour empêcher les oiseaux de se glisser dessous.

Pucerons Ces insectes sucent la sève des plantes. Ils forment de grandes colonies qui peuvent affaiblir ou tuer les plantes. Utilisez un insecticide, éliminez-les au jet et favorisez les prédateurs naturels.

Chats, chiens et renards Les animaux familiers occasionnent parfois des dégâts en creusant ou en urinant sur les plantes. Utilisez des répulsifs et protégez les plantes avec des filets et des grillages.

Altises Ces petits coléoptères, qui sautent lorsqu'on les dérange, s'attaquent aux jeunes feuilles, qu'ils criblent de trous. Protégez les plantes avec un filet à mailles fines ou utilisez un insecticide.

Sitone du pois Ce petit coléoptère dévore le limbe des feuilles de pois et de haricot en faisant des encoches arrondies sur le bord. Si les plantes sont affaiblies, traitez avec un insecticide approprié.

Mouche du chou Ces larves se nourrissent des racines des jeunes plants de Brassicacées, provoquant leur dessèchement. Entourez le collet de chaque plante avec une rondelle de carton fendue *(ci-dessus)*.

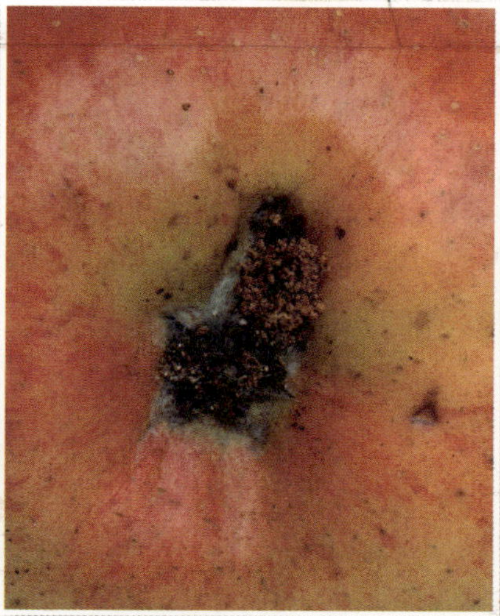

Chenilles de carpocapse Ces larves creusent des galeries dans les pommes et les poires. Empêchez les adultes de pondre en posant des pièges à phéromones dans les arbres à la fin du printemps.

Maladies et problèmes physiologiques

Alternariose Cette maladie fongique attaque la pomme de terre et la tomate, provoquant le brunissement des feuilles et des fruits et, parfois, la pourriture des tubercules. Jetez les plants affectés.

Nécrose apicale Causée par des variations d'humidité dans le sol, cette maladie physiologique se manifeste par l'apparition d'une tache noire au sommet des tomates ou des courgettes. Arrosez plus régulièrement.

Fonte des semis Cette maladie fongique entraîne le flétrissement des jeunes plantules. Pour l'éviter, utilisez un terreau neuf, arrosez vos semis à l'eau du robinet et gardez-les dans un endroit bien aéré.

Éclatement de la tomate Ce problème est causé par une alternance de périodes sèches et humides pendant la phase de maturation du fruit. Pour l'éviter, arrosez régulièrement quand la plante est à ce stade.

Hernie du chou Cette maladie touche les racines des plants de Brassicacées, provoquant un flétrissement ou un défaut de croissance. Cultivez des variétés résistantes et pratiquez la rotation des cultures.

Pourriture grise Affectant de nombreuses plantes, cette maladie due à un champignon (Botrytis) se manifeste par l'apparition d'une pourriture grise sur différents organes. Supprimez les parties atteintes.

Mildiou Favorisée par le temps humide, cette maladie provoque l'apparition de taches brunes sur le feuillage. Éliminez les organes atteints, ne mouillez pas le feuillage et améliorez la circulation de l'air.

Oïdium Plus fréquente en période de sécheresse, cette maladie se manifeste par des taches blanches sur les feuilles et les tiges. Éliminez les parties atteintes et arrosez bien les plantes au pied.

Rouille Des pustules brun orangé apparaissent sur les feuilles. Évitez les engrais trop azotés, éliminez les parties atteintes et ôtez tous les débris végétaux. Au besoin, traitez avec un fongicide.

Moniliose Les fruits abîmés pourrissent, se couvrent de pustules blanches, puis se momifient sur la branche. Protégez les fruits des oiseaux, éliminez ceux qui sont malades et traitez avec un fongicide.

Montaison Les plantes fleurissent et montent à graines prématurément. Pour éviter ce problème lié à un manque d'eau ou à des températures inadaptées, respectez les dates de semis et arrosez régulièrement.

Brûlure Le feuillage brûlé par des vents forts *(ci-dessus)* ou un soleil trop ardent montre des taches brunes nécrotiques. Choisissez le bon emplacement pour vos plantes et protégez-les, si nécessaire.

Mauvaises herbes communes

Séneçon de Jacob Cette annuelle produit une grande rosette de feuilles à bord crénelé et des bouquets de fleurs jaunes en été. Elle se ressème abondamment. Éliminez les plantes avant qu'elles fleurissent.

Pâturin annuel Cette graminée annuelle colonise rapidement les sols nus. Elle est facile à contrôler en binant régulièrement le pied des plantes. Ne la laissez pas fleurir et monter à graines.

Liseron des haies Cette vivace grimpante se propage par tiges souterraines et envahit rapidement les cultures. Arrachez-la manuellement, sans fractionner les racines, ou utilisez un désherbant systémique.

Chardon des champs Cette vivace coriace est souvent un problème sur les planches de légumes existantes. Utilisez un désherbant systémique. Sur les nouvelles planches, éliminez les plantules à la binette.

Cardamine hérissée Cette annuelle se propage rapidement en projetant ses graines à distance. Éliminez les jeunes plantes avant qu'elles n'aient le temps de fleurir, puis de monter à graines.

Pissenlit Au fil des ans, cette vivace finit par envahir les planches de légumes. Arrachez chaque pied en extrayant la totalité de sa longue racine pivotante et éliminez les plantules à la binette.

Gaillet gratteron Cette herbe grimpante se faufile et s'accroche dans les plantes potagères. Arrachez-la avant qu'elle fleurisse et produise ses graines collantes. Éliminez les plantules à la binette.

Séneçon commun Cette annuelle envahit rapidement les sols nus et les potées. Elle produit ses graines en quelques semaines. Arrachez les plantes adultes et éliminez les jeunes pieds à la binette.

Bourse-à-pasteur Cette annuelle à croissance rapide produit des grappes de petites fleurs blanches, puis de petits fruits en forme de cœur. Arrachez-la avant qu'elle n'ait le temps de former ses graines.

Renoncule rampante Avec ses stolons, ce bouton d'or vivace se propage rapidement au milieu des cultures. Détruisez les plantules à la binette et les plantes adultes à l'aide d'un désherbant systémique.

Rumex Cette vivace aux racines longues et difficiles à extirper se rencontre surtout dans les parcelles anciennes. Utilisez un désherbant systémique. Arrachez les plantules ou éliminez-les à la binette.

Ortie Cette vivace est commune dans les terrains vagues, où elle forme des tapis denses. Utilisez un désherbant systémique. Éliminez les plantules à la binette ou à la main, en portant des gants.

Adresses utiles

Graines

Graines Baumaux
B.P. 100
88503 Mirecourt Cedex
www.graines-baumaux.fr

Graines Fabre
21, rue des Drapiers
57083 Metz Cedex 3
www.fabre-graines.com
Kokopelli
(graines biologiques)
Association Kokopelli
22 Cap de l'Ourm
09290 Le Mas d'Azil
www.kokopelli-semences.fr

La Ferme de Sainte Marthe
(graines biologiques)
7, rue Lavoisier
49800 Brain sur l'Atuhion
www.fermedesaintemarthe.com

Le Biau Germe
(graines biologiques)
Lieu-dit Garliet
47360 Montpezat d'Agenais
www.biaugerme.com

Le potager d'un curieux
(graines biologiques)
La Molière
84400 Saignon
http://www.lepotagerduncurieux.org/

Truffaut, Vilmorin, Tézier... en jardineries

Jeunes plants et mini-mottes

Jardin Express
(jeunes plants et mini-mottes, plantes fleuries et aromatiques, légumes)
Bouvincourt CS 90131
80203 Péronne Cedex
www.jardinexpress.fr

Plantes et pépinières

Ah ! La ferme des saveurs
(plantes aromatiques et plants de légumes)
73, rue de la Porte de la Réole
33580 Monségur
www.ah-lafermedessaveurs.com

Arom'antique
(plantes aromatiques, légumes anciens…)
Le Vallon des senteurs
275, chemin la ville
26750 Parnans
http://www.aromantique.com/

Hortiflor
(légumes, aromatiques…)
9 bis, chemin Aiglerie
49170 Savennières
www.hortiflorbureau.com/

Les Jardins d'Ollivier
(légumes anciens, plantes aromatiques…)
8, route Nationale
91770 Saint-Vrain
http://www.au-jardin-bio.com/

Pépinière Éric Deloulay
(plantes aromatiques, légumes anciens, petits fruits…)
1261, route de Cornay
45590 Saint-Cyr-en-Val
http://www.aromatiques.fr/

Index

R

Remerciements

Crédits photographiques

L'éditeur remercie les personnes suivantes pour l'avoir autorisé à reproduire leurs photographies :

Abréviations utilisées :
B = en bas, C = au centre, D = à droite, E = extrême, G = à gauche, H = en haut, T = tout en haut.

Lucy Claxton © Dorling Kindersley 14 EBG ; Lucy Claxton © Dorling Kindersley 25 CGH ; © Alan Buckingham 30 EBD ; Brian North © Dorling Kindersley, avec l'autorisation de RHS Chelsea Flower Show 2009 36 CDB ; © Alan Buckingham 37 CDH ; Peter Anderson © Dorling Kindersley, avec l'autorisation de RHS Hampton Court Flower Show 40 CDH ; © Alan Buckingham 44 ECGB ; © Jerry Young 55 CDH ; Mark Winwood © Dorling Kindersley, avec l'autorisation de RHS Wisley 55 EBG ; Getty : Reggie Casagrande/Photodisc 57 ECDH ; Brian North © Dorling Kindersley, avec l'autorisation de RHS Chelsea Flower Show 2011 75 C ; Mark Winwood © Dorling Kindersley, avec l'autorisation de RHS Wisley 107 ECGH ; Joanne Doran © Dorling Kindersley, avec l'autorisation de RHS Hampton Court Flower Show 2011 117 C ; Peter Anderson © Dorling Kindersley, avec l'autorisation de RHS Chelsea Flower Show 2009 157 C ; Peter Anderson © Dorling Kindersley, avec l'autorisation de RHS Hampton Court Flower Show 183 CDB ; Peter Anderson © Dorling Kindersley, avec l'autorisation de RHS Hampton Court Flower Show 183 CGB ; Peter Anderson © Dorling Kindersley, avec l'autorisation de RHS Hampton Court Flower Show 2010 183 CDH ; Peter Anderson © Dorling Kindersley, avec l'autorisation de RHS Hampton Court Flower Show 201 BG ; Joanne Doran © Dorling Kindersley, Courtesy of RHS Hampton Court Flower Show 2011 211 CGH ; Joanne Doran © Dorling Kindersley, avec l'autorisation de RHS Hampton Court Flower Show 2011 221 CDB ; Peter Anderson © Dorling Kindersley, avec l'autorisation de RHS Hampton Court Flower Show 2010 221 CGH ; Lucy Claxton © Dorling Kindersley 225 TD ; Peter Anderson © Dorling Kindersley, avec l'autorisation de RHS Hampton Court Flower Show 2010 229 TB ; © Alan Buckingham 233 ECGB ; © Alan Buckingham 233 CDB ; © Alan Buckingham 234 CDB ; © Alan Buckingham 244 ECDB ; © Alan Buckingham 245 ECGB.

Dorling Kindersley remercie :

Photographe Peter Anderson
Aide à la rédaction Esther Ripley and Annalise Evans
Aide à la conception Eleanor Bates, Vanessa Hamilton, et Amy Keast
Relecture Constance Novis
Indexation Vanessa Bird

DK remercie spécialement les personnes suivantes pour l'aide qu'ils ont apportée à la réalisation de ce livre :
Bruno Lacey et ses collègues d'*Urban Growth*, Londres, qui ont contribué à créer et entretenir une grande partie des massifs surélevés présentés ici.
Tom Wheatcroft et ses collègues du *Capel Manor College*, Londres, qui sont intervenus dans l'élaboration de la plupart des projets présentés ici.
Clare Dyson de la société *Pro-Veg Seeds*, Cambridge, qui a fourni les plantes.
Faulks & Cox Ltd, Leicestershire, qui a fourni une grande partie des conteneurs utilisés.